I0478558

¡Reinvéntate!

Guía para cambiar tu vida profesional

¡REINVÉNTATE!

Guía para cambiar tu vida profesional

MANUEL MATA

¡Reinvéntate!

Guía para cambiar tu vida profesional

por Manuel Mata

* * * * *

Publicado en CreateSpace
por Manuel Mata
http://tucoach.eu

1ª Edición: Agosto 2013
¡Reinvéntate!

Copyright © 2013, Manuel Mata

ISBN: 149-214617X
ISBN-13: 978-149-214617-9

Todos los derechos reservados. Ninguna parte de esta publicación, incluído el diseño de portada, puede ser reproducida, almacenada o transmitida por ningún medio, ya sea electrónico, químico, mecánico, óptico, de grabación, en Internet o de fotocopia, sin previo aviso escrito del editor y del autor.

«*Sabemos lo que somos, pero no lo que podemos llegar a ser.*»

William Shakespeare

«*No creo que haya cumbres inalcanzables para el hombre que conoce el secreto de hacer los sueños realidad. Este secreto se puede resumir en 4 C's: Curiosidad, Confianza, Coraje y Constancia, y la más importante es Confianza. Cuando crea en algo, créalo por encima de todo, incondicionalmente y sin cuestionamientos.*»

Walt Disney

ÍNDICE

Introducción

«Si uno avanza confiadamente en la dirección de sus sueños y deseos para llevar la vida que ha imaginado, se encontrará con un éxito inesperado».

Henry David Thoreau

En momentos de cambios profundos las personas necesitan adaptarse y transformarse para vivir una vida plena. Como todo cambio supone un crecimiento personal y un abandono en parte de lo anterior, las personas nos enfrentamos entonces a un *estrés* que, si no es bien llevado, puede perjudicar el proceso de creación de nuestra nueva vida. Por lo general, los humanos somos seres de costumbres y nos cuesta abandonar nuestros hábitos y aquello que es conocido. Sin embargo, también es cierto que a lo largo de la historia el ser humano se ha ido adaptando y ha evolucionado cuando ha sido necesario. Reinventarse es ley de vida porque el cambio es inevitable.

A pesar de que hay personas que no tienen la energía y la capacidad para renovarse, siempre han existido otras que sí tienen la fortaleza y el carácter para iniciar un proceso de desarrollo personal. Lo que ocurre es que a veces uno no sabe muy bien cómo comenzar el cambio o qué camino seguir en su crecimiento personal. Los cambios producen bastante desorientación e inseguridad en las personas, pero la buena noticia es que se pueden superar. Hace falta reforzar nuestra autoconfianza y creer más en nosotros mismos, lo cual no siempre es fácil. Podemos conseguirlo si nos enfocamos en algo que nos ilusione y proporcione sentido a nuestra vida, que aparte los miedos y pulse el *«botón de encendido»* de nuestro pensamiento positivo y creativo. Después de eso, ya tomaremos nuestras decisiones y planificaremos nuestras estrategias para conseguirlo.

Ahora bien, si eres de los que creen que por pensar positivamente ya vas a crear tu realidad tal como deseas, y que basta con desear algo o enfocarte en un pensamiento para atraerlo, este libro no es para ti. Fundamentalmente no porque hacerlo sea negativo en sí mismo, ya que ser positivo no tiene nada de malo, sino al contrario, pero lo que quiero dejar claro es que me refiero a una actitud activa, no pasiva. La base para reinventarse y crear tu futuro de la que vamos a hablar parte de incrementar activamente la conciencia, el aprendizaje, el ensayo y error, la toma de decisiones, la acción, el esfuerzo y la perseverancia.

La idea de este libro se gestó a partir de un artículo que escribí en mi blog bajo el título *¿Es hora de Reinventarse?* Luego la semilla inicial creció cuando preparé una videoconferencia bajo el mismo título y constaté el gran interés que despertaba la idea de *reinventarse*, lo que me llevó a repetir esta videoconferencia. Las personas que participaron en dicha conferencia plantearon sus dudas y problemáticas en torno a las posibilidades de transformar su vida, haciendo hincapié en las dificultades que tiene un emprendedor cuando desea obtener financiación para su proyecto. El dinero es un factor fundamental para poder crear una empresa o llevar adelante un proyecto profesional. Ahora bien, el dinero no puede ser una excusa para intentar hacer lo que queremos hacer. Seguro que antes o después conseguiremos la financiación o dinero necesarios para empezar a hacer lo que nos proponemos.

Es posible que en un primer momento, una persona no encuentre financiación para poder emprender su proyecto, pero si persiste, con el tiempo encontrará la manera. Y esa es la clave: no dejar de creer en su proyecto, ser paciente y perseverar. No siempre las cosas se consiguen exactamente en el momento que queremos, pero con esta clave podremos alcanzar nuestro objetivo. Uno se puede plantear cómo conseguir ese dinero, si ahorrando, pidiendo ayudas, acudiendo a las redes sociales, buscando socios capitalistas para convencerlos de la buena idea de nuestro proyecto, etc. Hay muchas ideas que uno puede descubrir si de verdad está dispuesto a luchar por su sueño, con lo que no existe ninguna excusa en nuestra sociedad actual para que una persona no consiga llevar a cabo lo que quiera.

En ocasiones una persona o una sociedad insiste en vivir de la forma en que está habituada y que quizá servía en el pasado, pero que ya no funciona en el presente. Ante este choque de realidades surge el conflicto o crisis, como señala Bertolt Brecht:

«La crisis se produce cuando lo viejo no acaba de morir y cuando lo nuevo no acaba de nacer».

Reinventarte a ti mismo/a y rediseñar tu vida no solo es posible, sino que es necesario en algún momento de tu trayectoria vital o/y profesional.

Esta obra está concebida especialmente para aquellos que desean rediseñar su vida profesional: para los desempleados, para los que desean mejorar profesionalmente y cambiar de trabajo, para los que piensan en un cambio de carrera profesional, para los que desean encontrar su vocación y su misión en la vida, para los recién titulados o los que estén a punto de serlo, etc. También hay temas en esta lectura para los que desean crear una vida personal más acorde con su esencia, recuperando su autenticidad, su autoconfianza y su empoderamiento, para iniciar un proceso de transformación personal a favor de su felicidad, y ¿por qué no?, también para plantearse, independientemente de la edad, una nueva actividad profesional que te haga sentirte realizado/a.

A lo largo de los cinco capítulos de esta lectura, te voy a hacer una serie de *preguntas poderosas*, tal y como si estuviéramos en una sesión de Coaching. Estaría bien que, en primer lugar, te hicieras cada pregunta a ti mismo/a y reflexionaras, para pasar después a la lectura del texto. Tómate unos minutos después de leer cada apartado para tomar conciencia de tus pensamientos antes de leer el texto y los pensamientos que te vienen después, y toma nota de lo que has aprendido o de qué te has dado cuenta. Con este sencillo ejercicio puedes descubrir muchísimo de ti mismo/a y de lo que deseas.

¡Te deseo una excelente experiencia de autoconocimiento y mejora personal!

1

Cómo comenzar una nueva vida

¿Qué te hace sentir insatisfecho?

«Esta vida que vives es igual que una obra teatral. Todos los humanos somos sus actores.»

El escritor Ramón Menal, en su libro *Tú Puedes Ser Más Feliz*, nos advierte que la vida es como una obra de teatro, en la cual cada uno desempeña el papel que le ha tocado. Pero, ¿y si ya no te gusta el papel que se te ha repartido? Si estás insatisfecho con tu personaje, encontrarás de utilidad esta obra, porque vamos a ver las claves para reinventarnos y cambiar el papel que interpretamos.

Vamos a comenzar por aceptar nuestra insatisfacción. Nunca es bueno ignorar nuestras emociones, sino que es necesario reconocerlas para entender qué nos quieren transmitir. Se trata de indagar en nuestro interior para averiguar qué es lo que nos está pasando para sentirnos así. Cuando notamos que alguna cosa no acaba de ir bien en nuestra vida, es el momento de estar atentos a nuestro interior: algún deseo o necesidad por satisfacer, un sueño por cumplir, una vida vacía o sin sentido, cansancio con nuestro rol en la vida, etc. Tal vez nos hemos dejado llevar por los acontecimientos, y ahora nos paramos a reflexionar y nos damos cuenta que querríamos estar en otro sitio. Hoy es el momento si así lo decides de partir de esa insatisfacción y convertirte en el *protagonista* de tu propia vida.

De hecho, según un estudio del profesor García Sedeño que nos señala J. Carlos Cubeiro en *Por qué necesitas un Coach*:

«... dos de cada tres jóvenes en edad de entrar en la universidad no tienen claro qué estudiar.»

«... el 40% de los universitarios descubren en su primer año de carrera que no les gusta lo que están estudiando...»

Imaginemos además los que no se dan cuenta que esa carrera no es para ellos en los siguientes años de la carrera. Pensemos también en los profesionales que toman conciencia de ello cuando ya están introducidos en el mundo laboral. Es difícil decir una cifra exacta, pero me da por pensar que la mayoría de personas necesitan reinventarse, ya que no han acertado a la primera a la hora de elegir su vida profesional.

Ya sabemos que actualmente el trabajo es uno de los motivos más frecuentes de insatisfacción vital de las personas. Es lógico, ya que nos pasamos gran parte de nuestro tiempo dedicado a nuestra profesión. Es comprensible que alguien no sea feliz si: lo que hace no le gusta, o la empresa donde trabaja no es la adecuada para él, o la relación con algún compañero o jefe es difícil, etc. Además, según una encuesta online dirigida por Harris Interactive, encargada por *CareerBuilder*, aproximadamente un 23% de los trabajadores dicen que están insatisfechos por la falta de equilibrio entre su trabajo y su vida personal.

Permanecer como estamos cuando no nos encontramos bien, es perpetuar la insatisfacción y hacerla crónica hasta que podamos incluso llegar a pensar que es algo que forma parte de nosotros. Pero no tiene que ser de esta forma si elegimos usar la insatisfacción para cambiar nuestra vida. Abandonar un trabajo, una pareja o una amistad, por poner unos ejemplos significativos, que no nos hacen bien, no es una tarea fácil, pero es la opción que más nos conviene cuando no nos compensan.

Jean Jacques Rousseau nos insta a escoger lo que nos conviene:

«Es verdaderamente libre aquel que desea solamente lo que es capaz de realizar y que hace lo que le agrada.»

Unas palabras muy inteligentes ya que enlaza la libertad con dos puntos relevantes:

1. Desear lo que uno es capaz de hacer

2. Hacer lo que a uno le gusta

Vamos a ver ahora el caso que nos relata Napoleon Hill, en su obra *Piense y Hágase Rico*, de un chico que recién acaba sus estudios universitarios encontrándose con una situación difícil de escasez de trabajo, fruto de la Depresión de los años 30 del siglo XX:

«...aprovechó la primera oportunidad con un futuro potencial, vendiendo audífonos a comisión. Cualquiera podía empezar con un trabajo así, y Halpin lo sabía, pero ese trabajo le bastó para abrir las puertas a la oportunidad.

Durante casi dos años siguió haciendo lo mismo a disgusto, y nunca hubiera progresado si no hubiese hecho algo con respecto a su insatisfacción. En un principio aspiró al puesto de gerente de ventas de su compañía, y obtuvo el trabajo.»

A partir de situarse en esa posición, Halpin no se acomodó sino que contribuyó a alcanzar una alta cifra de ventas y de esta manera despertó el interés de la competencia, que finalmente lo contrató, convirtiéndose poco después en vicepresidente de la compañía. En este caso comprobamos que Halpin era consciente de su insatisfacción respecto su trabajo, pero en lugar de deprimirse y venirse abajo, fue ambicioso y estuvo dispuesto a destacar y aprovechar las oportunidades.

Con el fin de tomar conciencia de nuestra insatisfacción para enfocarla hacia el éxito, vamos a ver a continuación por qué nos sentimos insatisfechos.

¿Por qué te sientes insatisfecho?

«En el mundo abunda la insatisfacción por querer jugar a lo seguro. No es teoría, es una realidad.»

El escritor Raimon Samsó nos sugiere en la anterior frase de *Cita en la* Cima que el problema es resistirse a abandonar nuestra «**zona de confort**». Se trata de la zona en la que nos movemos habitualmente, por lo cual es conocida y nos hace sentir seguros. Fuera de esa zona hay incertidumbre y nos sentimos inseguros, pero con el tiempo podemos acostumbrarnos a la nueva zona y volver a sentirnos confiados. Al pasar de una zona a otra más grande, ampliamos nuestro potencial y podemos disfrutar de una vida más plena. De hecho, cada avance y cada abandono de la «zona de confort» implica enfrentarnos a nuevos miedos, porque nos ponemos a prueba siempre que tomamos nuevos desafíos.

Lo que está fuera de la «zona de confort» es todo tipo de experiencias que pueden descubrirnos cosas de nosotros mismos y generar nuevas oportunidades. Es nuestra zona potencial. Podemos crear la vida que deseamos cuando abandonamos la comodidad de lo conocido y nos abrimos a explorar lo desconocido. En lo nuevo están las oportunidades que andamos buscando para ser felices. Si vamos a la obra de Spencer Johnson *¿Quién se ha llevado mi Queso?*, en la que se nos insta a adaptarnos a los cambios y salir de nuestra «zona de confort» para sobrevivir y prosperar, nos encontramos que:

«Repetir el mismo comportamiento no hará sino obtener los mismos resultados.»

Raimon Samsó destaca en las siguientes líneas la fuerza de la insatisfacción como motor para el cambio:

«La insatisfacción es una emoción, y como tal habla de ti: indica que estás centrado en algo que no deseas. Tiene un propósito, no lo ignores. No tiene nada de malo en sí misma, una emoción es sólo una señal para tu evolución. ¡No le eches las culpas! Una emoción es energía para tu siguiente paso.»

En su obra *Cita en la Cima*, el autor comenta esta necesidad de sentir insatisfacción, emoción que no es mala en sí misma, aun siendo negativa, ya que es una señal de que algo no funciona en nuestra vida. Ignorar la insatisfacción que sentimos es renunciar a ponerle solución y olvidarnos de nosotros mismos y de nuestras necesidades. La **inteligencia emocional** nos invita a tomar conciencia de nuestras emociones y aprender a manejarlas para lograr nuestros objetivos en la vida.

Ahora bien, ¿quién está motivado a cambiar su vida sin más? La respuesta es que nadie desea el cambio sin una razón, sea la que sea. Tiene que haber *algo* que movilice nuestra energía y nos motive a esforzarnos por crear una vida diferente. Este *algo* que nos lleva a la acción está originado por la insatisfacción. Cuando hay *algo* en nuestra vida que por cualquier motivo no nos hace felices, esto se manifiesta en cierta incomodidad. Si nos falta o nos sobra *algo* en nuestra vida, es necesario un cambio. Es posible que sea fruto de una pérdida, de un fracaso, de un suceso doloroso, o de una circunstancia que nos haya tocado en lo muy hondo de nuestro ser. Friedrich Nietzsche reconoció que estos factores son los que contribuyen al cambio y a la evolución personal:

«Cómo podrías renacer sin antes haber quedado reducido a cenizas».

Es fruto de la incomodidad que uno se decida por el cambio. La pobreza es un factor que contribuye a la incomodidad y a las inquietudes, lo cual favorece las transformaciones a nivel personal y social. Una sociedad preocupada por la pobreza e inquieta por el futuro necesita un cambio para recuperar el equilibrio y su comodidad. Puede que el paso que se dé sea correcto o incorrecto, pero no cabe duda que antes o después algo cambiará. Las dos grandes guerras mundiales son un claro ejemplo de cómo la insatisfacción y la incomodidad social pueden cambiar el mundo, por no haber tomado medidas con antelación para evitarlas y haber sabido redirigir la situación.

Raimon Samsó relata lo dolorosa que puede ser la vida cuando no nos adaptamos a los cambios:

«Imagina que a los cinco años te compraron unos zapatos ideales. No se estropean. Pasa el tiempo, tú has cambiado: tus pies han crecido. Pero sigues con ellos. Imagina ahora qué vida tan dolorosa andar con esos zapatos puestos.»

Acostumbramos a reaccionar en lugar de ser proactivos, y esta es la razón por la cual, solo cuando nos «duele» algo, tomamos acción para buscar el remedio. Por ejemplo, cuando estamos sentados en el sofá y no estamos cómodos, buscamos otra posición. En las cosas más importantes de la vida no es tan diferente. Es la incomodidad la que nos hace buscar otra posición. Ahora bien, como el cambio en los aspectos de nuestra vida que son más importantes implica un esfuerzo, cambiar creencias, superar miedos y enfrentarse a la incertidumbre, uno se suele resistir a abandonar lo conocido, aunque se pueda sentir insatisfecho. El dolor avisa de que algo va mal, pero a veces queremos solo olvidarnos de él y hacer como si no estuviera. Al no enfrentarnos a la realidad, a la causa de ese dolor, lo que ocurre es que el dolor no desaparece y con el tiempo se enquista y se hace más profundo, llevando muchas veces a un estado más grave: la depresión.

Si deseas saber más de por qué muchos trabajadores están insatisfechos y son infelices en sus trabajos, puedes leer el manual de Matthew Tree, *La puta feina*, que de forma satírica relata numerosas experiencias de trabajo reales: entrevistas surrealistas, jefes obsesivos, incompetentes, histéricos, empresas que te estafan, escandalosos *mobbings*, etc. En este último caso, el autor lo define como la situación en la cual *«la dirección de la empresa presiona a unos empleados determinados para que se marchen voluntariamente, sin cobrar ninguna indemnización.»*

Se trata de una forma de deshacerse de unos trabajadores injusta, ya que no se quiere ofrecer lo que se pactó por contrato en su día (un nivel de indemnización por año trabajado), no respetando la seguridad jurídica de esos trabajadores con tal de ahorrarse un dinero.

En resumen, si uno se siente insatisfecho es porque algo en su vida no marcha bien. Para mejorar las cosas es necesario vencer los miedos y abandonar la «zona de confort». En situaciones de nuestra vida especialmente difíciles, debemos enfrentarnos a los cambios. A continuación vamos a ver cómo ser proactivos ante una situación de insatisfacción en el trabajo y también la manera de manejar una etapa afectada por el *desempleo*.

¿Cómo puedes empezar de nuevo?

«Tenemos una elección: arar un nuevo camino o dejar crecer las malezas».

Jonathan Westover

Cuando uno se queda sin trabajo y todo parece ya perdido, podemos encontrar una esperanza. La luz que alguien encuentra en forma de transformación personal y profesional es vital para progresar. El *paro* supone una situación de transición por la que pasamos muchas veces con dolor y crisis personal. Reinventarnos, tanto personal como profesionalmente, nos lleva a otra dimensión que, sin tener que ser la definitiva, sí puede marcar el principio de una nueva vida.

Podemos cambiar el rumbo hacia la nada o el desastre cambiando nuestra actitud y emprendiendo las acciones que nos predispongan a encontrar cuanto antes una solución.

La vida está llena de vaivenes que nos pueden hacer dudar de nosotros mismos cuando las cosas van mal. Quedarse desempleado amenaza la seguridad de muchos, y no sin razón. Por eso, para que mejores tu autoconfianza, te invito a leer *las 7 cosas que puedes hacer para volver a creer en ti*, que nos obsequia Claudia Calderón en el portal de empleo Infojobs, en su sección de *Orientación laboral y Coaching personal*:

1. *Enfócate en tus cualidades positivas*

2. *No te compares con nadie*

3. *Fíjate en lo que eres y no en lo que tienes*

4. *Reflexiona sobre todo lo que se te da bien*

5. *Recupera todos tus logros y aprendizajes*

6. *Utiliza el Currículum y la entrevista para reflejarlos*

7. *No esperes a que te valoren desde fuera. Empieza por ti mismo/a.*

Al identificarnos con nuestro trabajo, actividad y entorno laboral, compañeros, seguridad económica... corremos el peligro de que, al desaparecer de repente todo ello, uno se sienta confuso, desorientado y con un bajón de autoestima, aunque ya hemos visto como enfrentar esto.

Es fundamental que otras parcelas de nuestra vida

puedan compensar esa pérdida, como nuestra pareja, familiares, amigos, aficiones, etc. El equilibrio de las diferentes partes de nuestra vida juega un papel determinante en nuestra estabilidad emocional a lo largo del tiempo.

La pérdida de un trabajo se debe vivir como lo que es: una etapa de *duelo* en la cual nos tenemos que despedir de lo anterior y abrirnos a lo nuevo. Claro que para conseguirlo conviene recuperar nuestra actividad, salir al mundo exterior, quedar con gente y no quedarse «parado».

Siendo también la situación económica crucial en nuestro bienestar, necesitamos conseguir equilibrarnos emocionalmente para no dejarnos arrastrar por el miedo y la desesperación. Es importante buscar ayuda profesional si hace falta, y no olvidar el principio 90/10 de Stephen Covey:

«El 10% de la vida está relacionado con lo que te pasa... El restante 90% está determinado por la forma en que reaccionas a eso que pasa...».

Si atravesamos una crisis fuerte de ansiedad o depresión, lo recomendable es acudir a un psicólogo o/y psiquiatra. Ahora bien, si a pesar del dolor y de no estar en nuestro mejor momento emocional, uno tiene el ánimo para decidir «salir del pozo» y crearse una nueva vida, entonces puede ser buena idea buscar el acompañamiento de un Coach. La cuestión es no quedarse inmovilizado por el acontecimiento y hacer algo al respecto.

Lo que uno necesita en primer lugar es saber lo que quiere. Si deseamos avanzar, pero no sabemos hacia dónde, es una pérdida de tiempo y energía esforzarse. Tomar conciencia de cómo nos encontramos, de cómo somos realmente, de en qué punto estamos, de qué queremos hacer con nuestra vida… son aspectos de vital importancia.

Si reorientamos nuestra vida y nos reinventamos, logramos sobreponernos a las circunstancias y nos fijamos nuevos objetivos profesionales. El compromiso con nuestros objetivos nos mantiene motivados y con energía para ir tras lo que queremos.

Robin S. Sharma nos indica en su obra *El Monje que Vendió su Ferrari* la importancia de nutrir la mente con proyectos inspiradores y positivos, a través de la cita que menciona del filósofo indio Patanjali:

«Cuando te inspira un objetivo importante, un proyecto extraordinario, todos tus pensamientos rompen sus ataduras: tu mente supera los límites, tu conciencia se expande en todas direcciones y tú te ves en un mundo nuevo y maravilloso. Las fuerzas, facultades y talentos ocultos cobran vida, y descubres que eres una persona mejor de lo que habías soñado ser.»

Y para tener nuevos proyectos necesitamos encontrar un nuevo propósito profesional.

Ya que tenemos la oportunidad de empezar de nuevo, ¿por qué no aprovecharla y buscar un trabajo que nos satisfaga más?

Si en el anterior trabajo uno tampoco se sentía realizado, la clave ahora está en encontrar un lugar en el cual se puedan aprovechar mejor nuestros talentos personales. De esta forma, seremos capaces de aportar mucho más valor a nuestra nueva empresa o clientes, según decidamos trabajar por cuenta ajena o como autónomos. G. Bernard Shaw señala:

«Procura conseguir lo que te gusta o te verás obligado a que te guste lo que no te gustará».

Encontrar un trabajo que guarde relación con nuestros gustos e intereses y que esté en consonancia con nuestras fortalezas, lo que se dice descubrir nuestra pasión o **vocación** es tan importante, que marca la diferencia entre creer en nosotros y en nuestro éxito, o no hacerlo. Brian Tracey lo manifestó así:

«Me di cuenta que cada persona exitosa con la que he hablado tenía un punto de inflexión. El punto de inflexión fue que cuando tomaron una decisión clara, concreta e inequívoca de que iban a alcanzar el éxito. Algunas personas toman esa decisión a los 15 y otras a las 50, y la mayoría de las personas nunca la toman».

Toma ahora tu decisión de triunfar, pues eso solo lo puedes hacer tú. Por mi parte, voy a enseñarte en el siguiente apartado cómo seguir adelante y espero alentarte a que lo hagas ya que tiene sus recompensas.

¿Cómo vas a seguir adelante?

«Para desarrollar nuestras capacidades la clave es sintetizar, pasar a limpio la lección de lo que nos sucede, y seguir adelante.»

Esta es una de las «píldoras de sabiduría» que nos ofrece el autor de *El Coaching de Oscar Wilde*. Se trata de aprender del pasado y sobrevivir a las dificultades y al dolor, porque eso pasará.

En el inédito libro de Allan Percy *El Coaching de Oscar Wilde*, encontramos un concepto muy útil para aplicar en contextos complicados. Nos referimos a la «resiliencia», definida como la práctica por la cual «...*dejamos de lamentarnos por el sufrimiento y seguimos nuestro rumbo a pesar de las dificultades*».

Este concepto proviene del estudio que realizó la psicóloga Emmy Werner en 1955 a los niños de una isla hawaiana amparados en el umbral de la pobreza, que crecieron en el seno de familias con padres alcohólicos, desempleados o desequilibrados. La conclusión del estudio fue que dos tercios de estos niños desarrollaron conductas destructivas o irresponsables, lo cual evidencia la influencia del entorno familiar en el desarrollo de la personalidad adulta del niño, claro que esto ya se conocía. El hallazgo más relevante en el que se focaliza la importancia de este estudio es la existencia de ese tercio de niños que viviendo en el mismo entorno hostil, consiguieron realizarse personal y profesionalmente («resilientes»).

De esta forma, podemos afirmar que hay pruebas fehacientes de que la influencia de nuestra educación es muy importante, pero no 100% determinante de lo que hacemos con nuestro futuro de adultos. Abrimos así una puerta a la esperanza de sentirnos libres para labrar nuestro propio camino, en lugar de creernos determinados por las cosas desafortunadas que nos ocurrieron en el pasado. Esto es así aplicable para el caso de malas experiencias del pasado que consideramos en ocasiones que son un freno a nuestro potencial y a la creación de una vida mejor. Es decir, lo que nos pasó, pasó, y quizá si nos hubiera ido de otra manera, ahora lo tendríamos más fácil, o no, pero no es una excusa para creernos víctimas del pasado a la hora de construir nuestro futuro.

Además del aprendizaje que podemos extraer de las experiencias del pasado, también nos conviene ser resilientes para:

✔ Superarnos a nosotros mismos y poder optar por una vida más próspera.

✔ Extraer nuestra energía interior a fin de destinarla a alcanzar nuestras metas.

✔ Evitar dejarnos llevar por la ola de destrucción del dolor o/y la desesperación fruto del desdichado suceso pasado.

✔ Ayudar a nuestros seres queridos en lugar de ser una carga para ellos.

Si la vida nos presenta dificultades, reconozcamos que también nos ofrece oportunidades. Por ello, cabe evitar la queja continua sobre la vida y los demás. Malas etapas hay en la vida de todos, pero algunos se regodean en ellas, culpan a otros o simplemente utilizan sus lamentos para atraer la atención de los demás y así obtener cosas que ellos no se atreven a buscar por sí solos.

Álex Rovira, escritor del interesante libro *La brújula interior*, nos habla de la necesidad de estar atentos y preparados para atrapar las oportunidades, pero no pensándolas como «apariciones» sino como resultado de nuestra actividad:

«Las oportunidades no son solo fruto del azar, sino que pueden crearse».

Hay un requisito fundamental para poder crearnos oportunidades: «saber lo que queremos y expresar ese deseo». Debemos comenzar entonces por conocer cuáles son nuestras necesidades y pasiones en la vida, para ser capaces de enfocarnos en ellas con el fin de fijarnos nuevos objetivos.

¿Y qué más haría falta además del autoconocimiento? Cosas que acostumbran a ser realmente determinantes y distingue a los que consiguen crear una nueva vida de los que no: tomar decisiones, trazar estrategias, tomar acciones, probar y ensayar, etc. Como todo ello suele provocar en primera instancia miedo al fracaso, enseguida vamos a ver la forma de ganar autoconfianza, energía y motivación para luchar por nuestra nueva vida.

¿Qué harías si no tuvieras miedo al fracaso?

«Mi vida estuvo llena de desgracias, muchas de las cuales jamás sucedieron.»

Todo lo que imaginas que puede salir mal y te frena a la hora de decidirte a dar el paso, no es más que un pensamiento y es probable que nunca se realice, tal y como nos avisa la anterior cita del famoso filósofo y escritor René Descartes.

A veces, lo único que hace falta para construir una nueva vida es tomar conciencia de que nuestros temores son infundados.

El asunto más importante es crear una estructura interior fuerte capaz de enfrentarse a los desafíos que vendrán dados por luchar por tus sueños. Los riesgos que tomes para alcanzar lo que quieres no serán el único inconveniente que puedas tener que afrontar. Además, vas a tener que probar tu autoconfianza y tu capacidad de resistir las críticas de los demás. Te conviene no cuestionarte a ti mismo ni tus decisiones mientras estás en camino, porque la duda no es buena consejera y entorpece el trayecto. Guárdate tus dudas para otro momento más apropiado. Cuando llegue el momento de hacer revisión de lo acontecido, entonces sí deberás hacer un análisis de lo que funciona y de lo que no, cambiando la dirección cuando proceda y resulte más ventajoso para tus intereses.

Desde luego, puedes equivocarte, ¡faltaría más!, pero no te preocupes de cometer errores, porque es normal hacerlo cuando empezamos algo nuevo. Además, nadie es perfecto y tenemos derecho a equivocarnos, eso sí, asumiendo la responsabilidad que conlleva. Aprovecha cada error como una oportunidad de aprender y adquirir los conocimientos y destrezas necesarios para aproximarte a tu meta.

George Clemenceau destacó en este sentido:

«La vida del hombre es interesante principalmente si ha fracasado. Eso indica que trató de superarse.»

Considerando que el fracaso nos pone frente a frente con la realidad menos deseable y consigue casi siempre que cuestionemos nuestra valía, muchas personas optan por dejar de crecer. Quizá no ha sido una decisión totalmente consciente, pero en algún punto de sus vidas las heridas y los golpes han cerrado sus corazones y sus espíritus a las grandes cosas que merecen la pena.

En la obra *Fish!* los autores S. Lundin, H. Paul, y J. Christensen, se empeñan en mostrarnos cómo cambiar de actitud ante el trabajo, para automotivarnos y ser más vitales. Se trata de sacar provecho de nuestra energía y talentos en el trabajo en el que uno está o estará, acabando así con el «*yo marchito*», dado que, según citan estos autores en el pasaje *El escrito de John Gardner*:

«*… la mayoría de los hombres y las mujeres que se encuentran en el mundo laboral tienen menos inventiva y están más cansados de lo que creen, de lo que saben, y más aburridos de lo que se atreverían a admitir.*»

«*A veces, concentrarnos en seguir adelante es un acto de coraje…*».

Como muy pocos tienen el coraje de arriesgarse por miedo al fracaso, también son muy pocos los que tienen éxito. Henry Ford lo deja patente en esta frase:

«*Los que renuncian son más numerosos que los que fracasan*».

Así que te pregunto: ¿De cuáles quieres ser, de los que sacan el coraje para intentarlo o de los que no se atreven a arriesgarse?

Algunas personas ya han experimentado su transformación profesional, como es el ejemplo que nos presenta el periodista Albert Lladó en el artículo *Reinventarse con la crisis* en *La Vanguardia.com | Cultura* (28/12/12):

«*Es el caso de Xènia Bagué y Raquel Villa que, cansadas de estar en paro, se inventaron un nuevo concepto de librería. Crearon La Parada, un puesto exterior del mercado de la Abacería, en Gràcia. Xènia trabajaba en el mundo de la producción, se quedó embarazada y la despidieron. Raquel estudió Arquitectura y trabajaba en un estudio, pero la cosa fue a menos hasta que un día se vio sin trabajo ni un horizonte laboral claro.*»

También es mi caso, pasando de trabajar en el mundo de

la empresa en departamentos de Contabilidad y Finanzas, a formarme en Coaching, certificarme, aprender habilidades y competencias para contribuir a sacar el potencial de las personas, experimentar con muchas personas que me hablan de sus vidas y sus proyectos, etc. Partí de una crisis personal, a parte de la crisis coyuntural, pero opté por dejar de estar deprimido y enfocarme en lo que quería hacer con mi vida. Me ayudó mucho escribir mi primer libro *Supera tus miedos y alcanza tus sueños*, porque me enfoqué en una meta para realizar mi sueño.

¿Y tú a qué esperas? Si aún tienes dudas, te invito a que leas este corto relato:

« - ¿Y cuándo piensas realizar tu sueño?, le preguntó el Maestro a su discípulo.

- Cuando tenga la oportunidad de hacerlo, respondió éste.

El Maestro le contestó:

- La oportunidad nunca llega. La oportunidad ya está aquí.»

Anthony De Mello.

Así que tú eliges si sigues esperando una oportunidad ideal, que no se sabe cuándo o si llegará, o te decides a luchar ya por tus sueños, siguiendo un sendero de autodescubrimiento y crecimiento personal, que es lo que vamos a abordar en el siguiente capítulo.

2

Cómo reinventarse

¿Para qué sirve que hagas «tu viaje interior»?

«Cuando creemos que algo es posible, hurgamos en el interior de nuestra alma hasta dar con las herramientas que nos posibilitarán alcanzar la faz de nuestro sueño y darle un beso de despertar mágico.»

De esta forma Rosetta Forner nos explica en *Déjate de cuentos* que la clave para alcanzar nuestros objetivos es creer en nosotros mismos y en nuestras capacidades para hacer realidad nuestros sueños:

«Quien en sí mismo cree, iniciará el viaje hasta el fondo de su alma, allí donde los sueños moran y el soñador y el sueño comparten la esencia».

Se trata de aceptarnos y permitirnos ser quiénes en verdad somos, para de esta manera descubrir nuestros anhelos y pasiones. La magia está en ser uno mismo, en ser auténtico, y dejar un poco al margen las expectativas de los demás sobre nuestra conducta. En el momento en que nos preocupan más nuestros valores, necesidades y deseos, que quedar bien con los demás, nuestra reputación y ser amados, es cuando realmente somos nosotros mismos. Para ello hace falta que hagamos un *viaje interior* para conocernos mejor.

Practicar la autenticidad no es fácil, y menos en un contexto social como en el que nos encontramos en la actualidad, donde las apariencias, la hipocresía y el tener el amor y el favor de los demás son tan altamente valorados. En cambio, los valores como la dignidad, el respeto, la generosidad, la sinceridad, la dedicación, el espíritu de servicio y el cumplir con los compromisos, son relegados a un plano secundario en el mejor de los casos.

Encontrarse a uno mismo es una de las aventuras más apasionantes, si no es la que más, ya que pone en juego todo lo que conforma nuestra personalidad y esencia: emociones, aspiraciones, sueños, creencias, valores y capacidades. El autoconocimiento de uno mismo nos brinda la posibilidad de crear la vida que queremos vivir, ya que solo descubriendo lo que nos hace falta, lo que nos ilusiona y lo que deseamos, podremos dirigirnos al lugar donde encontraremos esas cosas.

Las convicciones negativas sobre nosotros mismos nos limitan enormemente para vivir la vida que deseamos. En ocasiones no nos sentimos dignos de merecer lo mejor para nosotros, y entonces vemos problemas que se nos hacen difíciles de sortear, sobre todo cuando otros nos dicen qué tenemos o no que hacer. Dudamos de lo que nos conviene y creemos en lo que nos dicen los demás, en lugar de mirar hacia adentro y confiar en nosotros mismos.

En el *Mito de la Caverna* de la obra de Platón, *La República*, el autor expone qué es lo que pasa inicialmente cuando uno pasa de las tinieblas a la luz:

«*Imagina unos hombres que habitan una vivienda subterránea en forma de caverna, con una entrada abierta a la luz a todo lo ancho de la gruta, en la que están desde niños encadenados por las piernas y el cuello de modo que no se desplacen ni puedan ver otra cosa que lo que tengan delante, pues las cadenas les impiden volver la cabeza (…) Examina qué ocurriría si fuesen liberados de sus cadenas y curados de su ignorancia y, en conformidad con su naturaleza, les acaeciese esto: cuando uno de ellos fuese desatado y obligado a levantarse repentinamente y a volver el cuello y andar y levantar la mirada a la luz, al sentir dolor por todo ello y no poder ver, a causa del deslumbramiento, las sombras que antes veía, ¿qué crees que respondería si alguien le dijera que antes no veía sino insignificancias y que es ahora cuando, más cerca de la realidad, y mirando cosas reales, tiene una visión más correcta, y le fuera mostrando los objetos que pasan y obligándole a contestar a sus preguntas de qué es cada uno de ellos? ¿No crees que se sentiría perplejo y que lo que antes había contemplado le parecería más verdadero que lo que ahora le mostraban?*»

En conclusión: Las respuestas que necesitamos no se encuentran afuera, sino que están en nuestro interior. Al mirar hacia dentro y descubrir nuestra esencia, esta nos puede deslumbrar y hacernos sentir confusos y desconcertados, pero si continuamos mirando, poco a poco veremos con nitidez y claridad lo que significa. La clave está en confiar en nosotros mismos y ser auténticos. Como dijo Carl Jung:

«*Quien mira hacia afuera, sueña. Quien mira hacia adentro, despierta*».

Decide despertar y mirar hacia adentro. Seguidamente te voy a mostrar las ventajas de apostar por tu autenticidad y por tener fe en tus talentos.

¿Qué pasaría si fueras tú mismo?

«El éxito reside en la diferencia, no en la igualdad. Ser todos lo mismo nos ha llevado a la difícil situación actual».

De esta forma es que John Whitmore puso de relieve en el *Lidership Forum Galicia* del año 2012 que una persona puede triunfar en su vida solo si explota sus propios dones especiales. Cuando todos pretendemos ser iguales que los demás por miedo a destacar y ser señalados o quedarnos aislados del grupo, la consecuencia es la pérdida de valor que se aporta a la sociedad, y el empobrecimiento general. A eso se refiere John Whitmore como causa de la etapa recesiva profunda y prolongada experimentada desde el año 2006.

También William James nombró la importancia de utilizar nuestros talentos y expandir nuestros límites:

«En comparación con lo que deberíamos ser, sólo estamos despiertos a medias. Solamente utilizamos una parte muy pequeña de nuestros recursos físicos y mentales. En términos generales, el individuo humano vive así muy dentro de sus límites. Posee poderes de diversas suertes, que habitualmente no utiliza».

Pues bien, como desde pequeños, nuestros padres y profesores nos han enseñado a integrarnos en la sociedad y a hacer lo que nos decían para ser queridos y aceptados, no hemos aprendido a encontrarnos y a aceptar nuestro «verdadero yo». ¿Qué repercusión ha tenido esta educación? Es bastante evidente: vacío existencial generalizado, individualismo, materialismo, egoísmo, problemas de comunicación (no nos comunicamos desde nuestro yo verdadero y se crean confusiones), miedo a que los demás vean cómo somos realmente y falsedad social.

«Las personas que escuchan y atienden todo cuanto se dice a su alrededor mostrarán bien pronto y bien lógicamente un cierto grado de desequilibrio mental.»

Con esta frase Gordon Muller en *Superación Personal* deja claro que escuchar y atender a los demás en cuanto a lo que nos conviene o a lo que ellos opinan sobre el mundo es un error. Es uno mismo quien tiene que descubrir qué es para él la felicidad, cuál es su sueño, qué vida desea tener, qué opina del mundo, con qué personas le gusta relacionarse, etc. Si no aceptamos que somos diferentes y tratamos de ser del montón, de la masa, iguales… lo que obtendremos es un desequilibrio mental entre lo que atendemos y lo que es nuestra esencia.

Así pues, el equilibrio se encuentra en nuestro *centro*, que es donde nos reconocemos y nos sentimos en paz con nosotros mismos. Ahí renunciamos a ser superiores o inferiores a las otras personas, porque sabemos que todos somos diferentes y cada uno es especial, ni mejor ni peor. Sin la necesidad de competir y compararnos, nos sentimos liberados y en paz, tanto interiormente como con el exterior.

Ser diferente es un hecho por naturaleza y cada persona es parecida pero diferente a los demás en algún aspecto. No obstante, permitirse ser diferente, y al fin y al cabo, atreverse a ser quien uno es, es el desafío más grande que tiene una persona en su vida:

«Se trata de que cada uno encuentre su yo, que cada uno se pregunte: "Yo, realmente, ¿qué quiero?" Si respondes a esta

pregunta, tendrás un sentido, y luego calibrarás todas las vías posibles para alcanzar ese objetivo: elige una.» (John Whitmore)

Ahora vamos a ver por qué es tan importe que te acostumbres a decir *No* a lo que no eres y arriesgues a decir *Sí* a tu esencia.

¿Por qué renunciar a lo que no eres?

«*No quiero vivir en un mundo donde me estén contando cuentos todo el rato y yo tenga que fingir que me los trago para poder sobrevivir*».

Ése es el deseo de la escritora Rosetta Forner que, en *Déjate de Cuentos*, apuesta por no creernos todo lo que nos dicen, ni hacer todo lo que nos dicen que tenemos que hacer, porque esas cosas pueden no estar hechas para nosotros ni nuestro bienestar. Si te dejas llevar por norma, es posible que no estés haciendo lo que más te beneficia personalmente. Las reglas y modas no les sientan bien a todo el mundo, solo a algunos. Haciendo lo que todos hacen, queriendo lo que los demás quieren, aparentando ser lo que los demás quieren que seas, no contribuye a nuestra felicidad, porque nos hace olvidar quiénes somos y lo que necesitamos.

Rosetta Forner propone, en cambio:

- *Cree en lo que quieres creer*

- *Ama a quien te dé la gana*

- *Ten la edad que te dé la gana tener*

- *Comparte tu vida con quien te dé la gana*

- *Atrévete a tener sueños, proyectos, ideas, metas*

Y en última instancia, aboga sin ninguna vacilación a aceptarnos y amarnos tal y como somos, viviendo cada día como queramos vivir:

«Sé una persona feliz, triste, alegre, dinámica, olvidadiza, melancólica, despistada, osada, creativa, genial, diferente, perezosa, laboriosa, estudiosa, campechana, famosa, anónima, divertida, común… Pero tú, siempre tú dejándote de cuentos. Atreviéndote a vivir tu cuento como a ti te dé la real y hadada gana.»

Las personas estamos condicionadas por nuestra educación, nuestro entorno personal, nuestro entorno profesional, por el país donde vivimos, y en general por la sociedad en su conjunto. Como no vivimos aislados del mundo, desde pequeños nos han enseñado a adaptarnos a las normas sociales y a seguir las pautas que nos marcaban para no ser señalados como rebeldes y perder el aprecio de los demás.

Mientras aprendimos a comportarnos, muchos perdimos también parte de nosotros mismos, sacrificada por formar parte del grupo. Las creencias que nos interiorizaron de pequeños se nos han quedado grabadas de forma tan profunda, que muchas veces no somos del todo conscientes de que las tenemos, y que están limitando nuestra vida. Y Eduard Punset en *Por qué somos como somos* nos indica:

«Tal y como nos explica el profesor Jerison, "nuestro cerebro se hace adulto entre los 3 y los 5 años…". De ahí quizá el énfasis de pedagogos, médicos y pediatras en la buena "educación" de los bebés y los niños en el transcurso de ese periodo de la vida…, ya que a los 6 años el cerebro humano ya ha alcanzado el 90 por ciento de su tamaño adulto. Es decir, que anatómicamente ya está todo hecho.»

A pesar de los condicionamientos exteriores, hay personas que consiguen superarse a sí mismas aun cuando han crecido en ambientes familiares poco proclives a la armonía, el amor y el desarrollo personal. Vimos en el capítulo *¿Cómo vas a seguir adelante?* porqué lo consiguieron. En cambio, hay muchas personas que no se atreven a ser ellas mismas, ni a desafiar las ideas preponderantes en la sociedad en la que se encuentran, aunque en su interior no estén de acuerdo con ellas. Algunos también hemos tenido miedo de enfrentarnos a nuestro entorno y decir lo que pensamos, pero lo hemos hecho a pesar de saber que algunos se disgustarían. No se trata de decir siempre lo que pensamos, ni mucho menos me refiero a eso, ya que no es conveniente hacerlo en todos los casos. Sin embargo, cuando se ponen en juego nuestras necesidades, deseos y sueños, sí que tenemos que salir en defensa de nuestros intereses para protegerlos, siempre respetando claro los de los demás.

Como ir contracorriente y contra los dogmas establecidos es impopular y tiene un precio en cuanto a no contentar a todos, unos más y otros menos se dejan llevar por la *manada* y dejan de pensar por sí mismos. ¡*Con lo fácil que es ser feliz y no preocuparse de ideas y debates*! El peligro de caer en el conformismo y el inmovilismo es que, lejos de preservar nuestra felicidad, lo que conlleva es la renuncia a la posibilidad de experimentarla. Sin propósito, sin creencias y valores propios, sin aprendizaje ni crecimiento, sin cambios ni mejoras... es difícil que la mayoría de las personas puedan realizarse y ser felices.

Al dejarse llevar por otros, uno termina por perderse y olvidar quien es en realidad. Integrarse con los que uno cree que son *los suyos* y evitar el miedo a perder la protección y amor de ellos, acostumbra a acarrear la renuncia a perseguir nuestras aspiraciones y deseos. Es posible que obtengamos cierta seguridad aparente, pero en el fondo uno se siente inseguro cuando no es capaz de enfrentarse a los demás si es necesario, con tal de proteger sus necesidades y sus sueños.

Al dejar de ser quienes somos, perdemos nuestra autoestima y nuestra confianza en nosotros mismos, e impedimos nuestro desarrollo personal y nuestra vida en plenitud. Por si fuera poco, al no atrevernos a mostrarnos a los otros tal y como somos, no podemos confiar en las demás personas, ya que sabemos que no nos conocen y creemos que si nos conocieran realmente se apartarían y dejarían de amarnos. Si no pensáramos eso, no tendríamos porqué mentirles y aparentar lo que no somos. Sin duda, la falsedad es enemiga de las relaciones sanas. No es de extrañar que en un mundo donde la mediocridad, las apariencias, la falsedad y las reglas de grupo se imponen, gran parte de las relaciones personales y profesionales sean poco satisfactorias, cuando están basadas solo en la desconfianza y el interés.

Como quieres tomar el reto de vivir más auténticamente, abordaremos ahora cómo podemos mejorar y qué tenemos a nuestra disposición para el desarrollo personal y profesional.

¿Cómo puedes mejorar?

«Existe al menos un rincón del universo que con toda seguridad puedes mejorar, y eres tú mismo.»

Aldous Huxley

La idea de mejora no va referida a dejar de ser uno mismo, ni que haya nada malo en ser quienes somos. Por el contrario, el concepto de mejora que proponemos es el de encontrar nuestra esencia y darle protagonismo en nuestra vida, para potenciar nuestro crecimiento personal y nuestra felicidad.

La mejora de algún aspecto de nuestra vida requiere seguramente un «peaje», es decir, tener que pagar un precio por el cambio. Lo que conviene saber es si el precio a pagar es mayor o menor a lo que conseguiremos. Siempre y cuando lo que deseemos obtener sea muy importante para nosotros y compense de sobras lo que debamos dar a cambio, valdrá la pena pasar por el proceso de transformación. Muchas veces descubriremos que nuestra elección está clara, porque nuestra vida no tendría mucho sentido siguiendo como está.

El problema puede ser enfrentarse a lo que viene después y el miedo que nos supone rebasar la línea de lo conocido y adentrarnos en terreno desconocido, que nos provoca inestabilidad e inseguridad. Lo importante será entonces reforzar la confianza en nosotros mismos para evitar dejarnos vencer por las preocupaciones y los miedos, y poder seguir avanzando a pesar de ellos. Podemos optar por un acompañamiento de un Coach o «entrenador» para el cambio. La ayuda profesional contribuye a reforzar nuestra voluntad personal, y a obligarnos a dotarnos de disciplina para hacer lo que tenemos que hacer. Lo veremos con detalle en el capítulo 5.

Por otra parte, el deseo de crecimiento personal y profesional no es mayoritario en la población. Posiblemente el lector se encuentre entre los que sí desean mejorar, y por eso está leyendo este libro. Cabe también la posibilidad que sea por otra razón que está leyendo esta obra, pero que a través de esta lectura se automotive para hacerlo.

No obstante, una parte no desdeñable de la población solo quiere comodidad y evitar el esfuerzo, tal y como nos refiere sobre España el escritor Álex Rovira:

«El problema de este país es cultural. El 70% de los jóvenes quieren ser funcionarios. Y no por vocación».

¿Acaso no es lógico si lo que inculca la sociedad es la seguridad económica y el consumismo de bienes materiales? Es sin duda una forma de limitar a las personas, evitando que sean lo que realmente desean ser. Paulo Coelho decía:

«Toda persona es capaz de conquistar todo lo que quiere y necesita».

Ahora bien, si uno nace y crece en un entorno en el que se le coarta la posibilidad de quererse tal como es, de descubrir su esencia, de poder escoger libremente y sin miedo la vida que uno desea…, entonces lo que tenemos mayormente son personas temerosas, incapaces de asumir riesgos, que no se aceptan a sí mismas ni tienen suficiente confianza en sí mismas para ir tras lo que quieren realmente. Por ello, no emprenden ni arriesgan, a menos que sea por necesidad, y buscan trabajos que les ofrezcan seguridad, estabilidad y comodidad.

Ante esta realidad, no queda más remedio que reinventarnos y cambiar las creencias limitantes adquiridas por pensamientos más positivos, como los que nos ilustran estas citas:

«*Si quieres triunfar, no te quedes mirando la escalera. Empieza a subir, escalón por escalón, hasta que llegues arriba.*» (Confucio)

«*Si no sueñas, nunca encontrarás lo que hay más allá de tus sueños.*» (Confucio)

«*Te reto a vivir tu vida como si fuera una obra maestra. Te desafío a unirte a las personas que viven la vida de acuerdo a lo que enseñan, de acuerdo a lo que creen.*» (Anthony Robbins)

Cree en tus sueños y averigua en el siguiente apartado cómo vas a poder reinventarte y qué beneficios te va a reportar hacerlo.

¿Cómo vas a reinventarte?

«*El mejor modo de predecir el futuro es inventándolo.*»

Alan Key

La elección de un oficio o carrera profesional es consecuencia de la forma de pensar que teníamos en un momento determinado de nuestra vida. Con el tiempo todos cambiamos de una manera u otra, o visto de otra forma, puede que empecemos a ser quienes realmente estábamos destinados a ser, si es que nos atrevemos a ello.

Es probable que aquello que un día planeaste para tu vida deje de tener sentido para ti y te haga falta renovarte. El camino que elegiste una vez puede no ser el que necesitas seguir ahora, por lo que conviene replantearte tu vida y tomar nuevas decisiones para tomar un nuevo camino.

Inventándote de nuevo a ti mismo es la forma en que puedes definir tu destino personal. Ya no se trata de dejar en manos del azar tu camino, sino que eres tú quien dirige tu propia vida. Pasas entonces a tomar las riendas de tu vida y a hacerte responsable de tu felicidad. En ese viaje quizá encuentres obstáculos y dificultades, pero persistiendo en tu propósito conseguirás llegar a tu destino. Cuando optas por reinventarte, pasas por una transformación personal que te lleva a crear tu futuro. De hecho, tu vida actual depende principalmente de cómo eras en el pasado y de las decisiones que tomaste, las cuales te han llevado al lugar donde estás. No olvides que somos lo que hacemos y no lo que decimos, por lo que son nuestras decisiones las que marcan nuestro destino, sin duda mucho más que nuestros pensamientos por sí solos. Por cierto, si tú no tomas tus propias decisiones, otros las tomarán por ti, y seguramente no sean las que tú querrías.

En una época como la actual, en la cual los cambios están a la orden del día, cobra de nuevo relevancia la frase de C. Darwing:

«No es la especie más fuerte la que sobrevive, ni la más inteligente, sino la que mejor responde al cambio».

La adaptación al cambio es clave para la supervivencia de los seres humanos, y es que si cambia nuestro entorno, no es muy sensato seguir igual y no abrir nuestra mente a nuevas cosas. El precio que tienes que pagar es el esfuerzo que supone abandonar tu *«zona de confort»; e*l premio consistirá en tu crecimiento personal y la mejora de tu vida.

Convertir los problemas en grandes desafíos forma parte de lo que significa reinventarse, como afirma el Dr. Mario Alonso en su libro *Reinventarse*, al hacer referencia a afrontar de forma más eficaz los problemas reales de la vida, como por ejemplo la pérdida de un empleo. Si invertimos mucho tiempo en intentar cambiar lo que no está bajo nuestro control, desperdiciamos una gran cantidad de energía que podríamos utilizar para hacer cosas que sí que están en nuestras manos.

Por reinventarte, no me refiero en esta lectura a que dejes de ser quien eres; ni mucho menos se trata de eso. Al contrario, te animo a que crees tu nueva vida tomando como base la introspección personal, para conocerte más profundamente y encontrar tus verdaderas pasiones. Parte de tu esencia y transfórmate a partir de ella, nunca ignorándola o pasando por alto quien eres en realidad. Es un punto muy importante, porque observa que me refiero a lo que tú quieres sinceramente, no lo que te han enseñado que debes desear.

En cuanto a los problemas y acontecimientos negativos, mi única recomendación es que los aproveches como oportunidades para aprender. Desde luego, nadie desea que le salgan las cosas mal ni quiere fracasar. Ahora bien, es cierto que de las experiencias negativas podemos sacar también algo positivo. Podemos parar y preguntarnos qué nos está diciendo ese suceso en cuanto a nuestra forma de vida, lo que hemos planificado para nosotros o lo que nos hace sentir ese hecho. Lo cierto es que uno puede engrandecerse y *empoderarse* a través de pasar por experiencias duras, pero no es fácil y las tememos.

La escritora Louise L. Hay (*El Poder está dentro de* ti) sugiere que aprovechemos las oportunidades que nos brinda la vida cuando atravesamos por una situación problemática:

«Considera tus problemas como oportunidades para crecer. (…)

Si te abres a las oportunidades cuando tienes problemas, puedes hacer cambios».

Si quieres cambiar y *reinventarte*, la cuestión que te puedes hacer es cuándo es el momento más adecuado para hacerlo. Muchas personas tienen en mente cosas que quieren hacer, pequeños y grandes proyectos a llevar a cabo, cambios que desearían hacer en sus vidas, etc., pero no encuentran nunca el momento de tomar decisiones y actuar. La ley natural de vida es que el tiempo pasa y lo que uno no arregla en su momento, resulta que después ya es demasiado tarde o las circunstancias convierten en apremiante el cambio, provocando que la transición sea más difícil que si se hubiera realizado poco a poco.

También hay muchos casos de personas que nunca encontrarán el momento adecuado para perseguir sus sueños, por lo cual nunca los harán realidad. Se trata de personas que no son proactivas, que no creen en sus sueños y que por lo tanto nunca van a avanzar en la vida. Como el momento de cambiar depende de cada uno en última instancia, aún a pesar de las circunstancias, unos reaccionan y cambian, mientras que otros no lo hacen. Al final, si te das cuenta que depende de ti luchar por conseguir lo que quieres, tú mismo tendrás que elegir el momento para tomar tu camino, ejerciendo el liderazgo de tu vida que te corresponde. Ya sabes que si no lo haces, no lo hará nadie más por ti.

Te dejo dos puntos a tener en cuenta:

1. La respuesta a cuándo empezar a reinventarse está en tu interior. Realmente no depende de nada ni de nadie. Los acontecimientos pueden ayudarnos a comprender lo que

somos y lo que deseamos e incluso mostrarnos la necesidad de cambiar, pero al final eres tú mismo quien decide si sigue igual o emprende otro camino.

2.   No hay un momento preciso para reinventarse, sino que eres tú mismo quien tiene que crear el momento. No hay un manual en nuestra vida que nos indique los momentos en los que debemos actuar, por lo que tendrás que ser tú quien cree la situación.

Para apoyarte en este sendero de autodescubrimiento de cara a reinventarte, lo mejor es que empieces a confiar en ti mismo y a hacer más caso a tus emociones y sentimientos, para que ellos te enseñen cuáles son tus verdaderas necesidades y pasiones en la vida. Es un proceso que lo puedes hacer solo, pero siempre tendrás mejores resultados acompañado de un *Coach*, un profesional que te facilite un espacio de reflexión, autoconocimiento y motivación muy beneficiosos para poder transformarte en «tu mejor tú».

Vivir con una actitud positiva enfocada en el «*Yo puedo*» te puede conducir a mejorar tu situación con muchas más probabilidades que quejándote, lamentándote de tu mala suerte, sintiéndote víctima de los acontecimientos... Es cierto que los problemas no desaparecen simplemente porque nos digamos que todo va bien y sonriamos sin más, aunque no ayuda en nada compadecerse de uno mismo.

Lo más inteligente es que aceptes siempre lo que te pasa y que tomes conciencia de lo que ocurre a tu alrededor. Después toca aprender a manejar la situación o el problema. Y cuando pongas en marcha planes de acción para conseguir lo que quieres, podrás beneficiarte de las oportunidades que encuentres en tu camino.

Mientras te reinventas y vas empezando la construcción de tu nueva vida, te encontrarás con personas de tu entorno que no te reconocen en el nuevo rol y que les cuesta aceptarlo. Seguidamente veremos qué pasa cuando esto sucede y cuáles son las principales recomendaciones a considerar para que no se convierta en un obstáculo para la realización de tus planes.

¿Qué harás cuando alguien se resista a tu nuevo «tú»?

«Al comenzar a aplicar su flamante concepto positivo y hacer algunos cambios deseados desde hace tiempo, usted ha descubierto de pronto que algo no va bien en la gente que hay en su vida».

Susan Jeffers en *Aunque tenga miedo hágalo igual* señala de esta forma que alguien que decide transformarse puede encontrar cierta resistencia en su entorno habitual. Como las relaciones personales se sustentan fundamentalmente por los roles que desempeñamos y los comportamientos usuales, cuando uno cambia provoca desorientación y confusión inicialmente en las relaciones con los demás. Es posible que algunos acepten el cambio más pronto que tarde, y que otros tengan miedo del cambio y de perder el amor o la posición que ostentaban hasta ahora.

Aunque tengamos ciertos roces o incomodidades con algunas personas de nuestro entorno, ¿acaso no debemos seguir adelante con nuestro sueño? Tal vez esas personas lo acabarán aceptando y se adaptarán a nuestro nuevo yo, o si no, acabarán saliendo de nuestras vidas. Evidentemente no suena muy reconfortante la idea de perder el amor de personas de nuestro alrededor, pero ¿merece la pena sacrificar nuestra esperanza e ilusión por la vida para tratar de contentar a otros? ¿Vale la pena conservar el supuesto amor de las personas que no nos aceptan tal y como somos? ¿Eso es realmente amor o interés? Dejo que cada uno encuentre sus respuestas mientras se plantea hasta qué punto cree que puede ceder en sus relaciones personales. No obstante, es importante destacar que nuestros cambios chocan a los demás, y es comprensible, porque no están acostumbrados. Respeta en principio sus actitudes escépticas o reticentes, pero muestra por otro lado que tú no piensas abandonar tu sueño. Esa firmeza mostrada por lo que quieres y el respeto hacia los demás te llevará a conservar a las personas que merezcan la pena, porque su aprecio les ayudará a entenderte y aceptarte en tu nuevo rol.

Claro está que uno puede elegir quedarse estancado e incluso vivir una vida «sin chispa» para conservar todas sus relaciones si así lo desea. Desde luego, no es lo que aconsejo, pero desde la libertad y responsabilidad de cada persona está la opción de escoger lo que quiera, aunque no sea lo más conveniente a la larga.

«Cuando usted empiece su desarrollo personal, notará que ya no quiere estar con gente depresiva. La negatividad es contagiosa y usted se alejará con una sensación de malestar después de haber pasado algún tiempo en compañía de una persona negativa. El positivismo también es contagioso, y pasar el tiempo con una persona positiva le proporciona a uno la sensación de que le brotan alas y quiere volar.»

La escritora Susan Jeffers destaca el deseo de las personas que crecen por estar cerca de personas positivas. Las personas que entran en un proceso de desarrollo personal se transforman de tal forma que, al estar ilusionadas con su sueño, ya no desean estar con personas sin esperanza, depresivas y pusilánimes. Al contrario, se sienten motivadas cuando están con personas positivas, líderes de sus vidas y con confianza en sí mismas.

Despertar la grandeza de las personas es una de las competencias más importantes de un buen Coach. Solo las personas que descubren sus talentos pueden transformarse utilizando todo su potencial. El Coach provee de las herramientas para el autoconocimiento y es la persona que recibe Coaching quien debe saber utilizarlas adecuadamente. Por lo tanto, si una persona se resiste a usar las herramientas que el Coach le facilita, sin duda no habrá ningún avance. La persona que no quiere descubrir sus capacidades porque le da miedo destacar, tener éxito, crear envidia o perder el favor de otros, renuncia a empoderarse y vivir su mejor vida.

La opción que te propongo es que aceptes tu grandeza, confíes en tus talentos y te abras al cambio. A continuación vamos a ver cómo puedes asumir tu responsabilidad para lograr progresar y desarrollar tus capacidades.

¿Cómo vas a hacerte responsable de tu vida?

«La responsabilidad es nuestra capacidad de reaccionar ante una situación. Siempre tenemos una opción. Esto no significa negar lo que somos y lo que tenemos en nuestra vida. Simplemente significa reconocer que hemos contribuido a estar donde estamos. Aceptando la responsabilidad tenemos el poder de cambiar.»

Louise L. Hay, *El Poder está dentro de ti*

Cuando echamos la culpa de lo que nos pasa a los demás, dejamos de ser protagonistas de nuestras vidas y pasamos a ser meros personajes secundarios, víctimas al fin y al cabo de la voluntad de lo que quieran hacer los otros. Ser responsables de lo que nos pasa es lo que nos posibilita dejar de quejarnos y asumir nuestro papel en lo que nos ocurre. En el momento en que tomamos las riendas de nuestra vida, tenemos el poder de cambiar las cosas que no nos gustan.

Muchas personas tienen miedo a aceptar que son libres para elegir lo que quieren hacer con su vida y no quieren realmente asumir el control, prefiriendo ceder ese poder a otros. Hacerse responsable de la vida de uno no es fácil para nadie, lo que pasa es que hay personas que lo aceptan y otras que no. De hecho, la madurez emocional se consigue en el momento en que uno deja de depender de otros para vivir su vida. Cuando éramos pequeños dependíamos de nuestros padres y nuestra vida giraba alrededor de sus decisiones. Crecer consiste en saberse responsable de la vida de uno y aceptarlo. Interaccionar con los demás y con nuestro entorno nos influye, evidentemente que sí, pero eso no implica que debamos renunciar a nuestro poder. Los que no quieren verlo, se enganchan a otros y les dejan que elijan por ellos, o les culpabilizan de todo, de su bienestar o de su malestar.

Lo cierto es que podemos alejarnos de las personas que nos hacen mal si queremos. Toda acción tiene su consecuencia y puede tener un precio, pero finalmente todo se reduce a escoger. Hay quien escoge la seguridad entre comillas de un empleo, aunque se sienta insatisfecho y poco respetado o valorado, mientras que hay quien encuentra la manera de abandonar ese empleo que lo mantiene estancado.

Susan Jeffers en *Aunque tenga miedo hágalo igual* comenta lo siguiente:

«...si usted tiene un empleo que detesta, si es soltero y quiere casarse, si tiene relaciones poco agradables con una mujer y quiere librarse de ella, si su hija le saca canas antes de tiempo y si, en términos generales, nada parece marchar como desea, usted desempeña el papel de víctima. Nada tiene de asombroso que tenga miedo...¡Las víctimas son impotentes!».

Por lo tanto, si uno quiere dejar de sentirse impotente, tiene que decidirse a tomar su poder, reconocer y aceptar la responsabilidad para cambiar su vida. Cuando pasamos del victimismo al empoderamiento, uno se transforma y su vida cambia para mejor.

En conclusión, nuestro éxito depende de nuestra voluntad de asumir nuestra responsabilidad, y al hacerlo y confiar más en nuestras posibilidades, podremos ir en busca de nuestros sueños. Si podemos concebir verdaderamente la consecución de nuestro sueño en nuestra mente, estamos más cerca de lo que pensamos de hacerlo realidad. Lo que crees lo puedes crear, o como dice el escritor Albert Espinosa:

«Si crees en los sueños, ellos se crearán».

Una vez que mi amigo lector está ya preparado para crear sus sueños y motivado para vivir su propia vida, es el momento de pasar al siguiente capítulo, donde vamos a abordar los siguientes puntos:

1.   Lo valioso que es descubrir cuál es el sentido que le quieres dar a tu vida para así tomar tu camino.

2.   Cómo descubrir tu vocación a partir de la cual reinventarte.

3.   En qué consiste que alcances el éxito.

4.   Cómo alcanzar la felicidad en el trabajo.

5.   Qué debes tener en cuenta para encontrar un buen trabajo para ti.

6.   Qué debes saber sobre lo que buscan las empresas en un trabajador.

Como puedes intuir ya, el próximo capítulo va a ser muy útil para que sigas tu brúlula interior y tomes el camino adecuado para tu realización personal y profesional.

3

CÓMO ORIENTAR TU CARRERA PROFESIONAL

¿Cuál es el sentido de tu vida?

«El punto de elección te ofrece la oportunidad de elegir tu vida más grande o seguir siendo pequeño, continuar formando parte de la manada de lemmings y seguir inconscientemente a los que te rodean y que de uno en uno van cayendo por el acantilado.»

Robin S. Sharma (Descubre tu Destino)

Ahora vamos a ver unas pautas para reconocer cuál es el sentido que deseas darle a tu vida. En primer lugar, es tu cometido aceptar que nadie puede responder a esta pregunta excepto tú mismo, ya que es un tema muy personal por definición. Tu compromiso radica en asumir tu responsabilidad en cuanto a tu felicidad y transformarte en el dueño de tu destino. Encontrar tu sentido de vida es un tránsito muy especial de conexión contigo mismo. Lo que decidas que tiene que ser tu propósito en la vida se ajustará a quien eres, en consonancia perfecta con tu misma esencia.

Aunque hay infinitas respuestas para definir el sentido de vida de cada uno, Jorge Bucay menciona cuatro grandes grupos donde se incluyen las frecuentes respuestas al interrogante *¿Cuál es el sentido de tu vida?* Y que son los siguientes:

- Los que buscan el **Placer**

- Los que buscan el **Poder**

- Los que buscan la **Trascendencia**

- Los que buscan el cumplimiento de una **Misión**

¿Con qué grupo te identificarías más?

¿Puedes ahora concretar tu sentido de vida?

¿Cuál sería el sentido de tu vida?

Es muy importante que puedas responder a estas preguntas, porque hacerlo es el principio para acercarte a conseguir lo que anhelas. Solo se trata de lo que tú quieras, no lo que se suponga que debes querer o de lo que creas que puedes aspirar. Es un paso de tu vida esencial e imprescindible para tu felicidad completa.

Cuando reconozcas tu propósito, entonces y solo entonces podrás marcarte objetivos. Napoleon Hill comentó la relevancia de marcarse objetivos en su obra *Claves del Pensamiento Positivo*:

«Marcarse objetivos es un modo de concentrar la mente en lo que usted quiere y olvidarse de lo que no quiere… ».

Si no nos marcamos objetivos, y solo nos preocupamos, pensando y dándole vueltas a la cabeza porque desearíamos que las cosas, nosotros, nuestra vida… fueran diferentes, lo más seguro es que todo siga igual. Como dice también Napoleon Hill en la obra *Claves del Pensamiento Positivo*:

«Por más que usted se diga a sí mismo que va a ser alguien en la vida, si no define exactamente qué es lo que quiere, solo será el

mismo alguien que ya es ahora.»

Para resumir, solo tú puedes y debes decidir qué le da sentido a tu vida. Como la felicidad depende de que encuentres un propósito vital coherente con tu personalidad, solo definiéndolo podrás contribuir a tu bienestar. Reflexiona lo que necesites, pero ten en cuenta que no tienes ninguna obligación de atarte a un propósito de vida, solo porque desees encontrar uno. Será conveniente que definas además cuál es tu idea del éxito antes de comprometerte con un propósito, que es el tema que vamos a tratar en el siguiente apartado.

¿Cómo defines tu idea del éxito?

«He tenido éxito en la vida. Ahora intento hacer de mi vida un éxito».

Briggitte Bardot

Si tu idea del éxito está basada en ganar mucho dinero, tener poder, conseguir admiración, o conseguir más y más cosas materiales, te puedes acabar olvidando de tus verdaderos deseos, y de lo que en realidad te importa por encima de todo. Es así como hacer lo que nos apasiona es relegado a un segundo plano, o incluso menos que eso, y olvidado por la obligación que nos imponemos de tener que *«ganarse la vida»* y «alcanzar el **éxito**» tal y como lo hemos definido antes.

Por lo tanto, lo primero que hay que hacer es redefinir nuestra idea del éxito. Si decidimos que hacer lo que nos apasiona es lo que queremos, que quizá no necesitamos primero hacer mucho dinero, que tal vez no es tan importante conseguir la admiración de todos... empezaremos a crear un marco totalmente diferente a partir del cual descubrir nuestra verdadera **pasión** en la vida.

No obstante, tampoco pretendamos ser quienes no somos, y decir lo que no pensamos, y mucho menos creérselo. Cuántas personas dicen cosas que no sienten como:

✔   *a mí no me importa el dinero*, mientras trabajan duro para comprarse un buen coche, una buena casa, ropa de marca, se dejan el sueldo en hacer un viaje con estancia en un hotel de cuatro estrellas a la otra parte del mundo, etc.

✔   *lo único que me importa es el amor, la salud...*, pero resulta que no son nada generosas con los demás, ni siquiera se cuidan a ellas mismas porque no se quieren...

Veamos un cuento de Jorge Bucay de *Cuentos para pensar*, como ejemplo de lo que nos referimos aquí:

«Cavando para montar un cerco que separara mi terreno del de mis vecinos, encontré, enterrado en el jardín, un viejo cofre lleno de monedas de oro.

A mí no me interesó por la riqueza, sino por lo extraño del hallazgo.

Nunca he sido ambicioso, y no me importan demasiado los bienes materiales...

Después de desenterrar el cofre, saqué las monedas y las lustré. ¡Estaban tan sucias y herrumbrosas las pobres!

Mientras las apilaba sobre mi mesa ordenadamente, las fui contando...

Constituían una verdadera fortuna.

Solo por pasar el tiempo, empecé a imaginarme todas las cosas que se podían comprar con ellas...

Pensaba en lo contento que se pondría un codicioso que topara con semejante tesoro...

Por suerte...

Por suerte no era mi caso...

Hoy ha venido un señor a reclamar las monedas.

Era mi vecino.

Pretendía sostener, el muy miserable, que las monedas las había enterrado su abuelo y que, por lo tanto, le pertenecían.

Me fastidió tanto...

... ¡que lo maté!

Si no lo hubiera visto tan desesperado por tenerlas se las habría dado, porque si hay algo que a mí no me importa, son las cosas que se compran con dinero...

Pero, eso sí, no soporto a las personas codiciosas...»

No se trata de renunciar al dinero, sino que este sea un medio, no un fin, para hacer lo que uno quiere hacer y vivir la vida que uno quiere vivir. Precisamente por esta razón, no hay que confundir dedicarse a lo que a uno le apasiona con hacerlo gratis. Nuestra cultura todavía está muy enfocada en trabajar para «*ganarse la vida*», y eso hace que la gente distinga a:

a)   Las personas que trabajan en un puesto que no les satisface completamente, con el único objetivo de conseguir dinero.

b)   Las personas que trabajan en lo que les apasiona, ya

sea parcial o totalmente, cuyo único fin no es obtener dinero, lo cual no significa que no lo merezcan ni que no lo quieran.

En lugar de recompensar a estas últimas por creer en sí mismas y ser brillantes en lo que hacen, una parte de la sociedad las considera una amenaza, y algunos prefieren no tomárselas en serio, afirmando que hacer lo que a uno se le da bien y le gusta es simplemente un hobby, por lo cual no merecen recibir dinero por ello. No tienen en cuenta, o no quieren hacerlo, que la persona que ofrece sus servicios personales también se esfuerza en su trabajo y dedica su tiempo, sus talentos y sus conocimientos a esa actividad, por lo que constituye claramente un trabajo.

La única diferencia entre un trabajo insatisfactorio y un trabajo satisfactorio es que quien se dedica a algo que le apasiona seguiría haciendo ese trabajo aunque no necesitara el dinero, debido a que se siente realizado y fluye con esa actividad. Para mí esa es mi idea del éxito: poder hacer lo que me gusta, como es escribir.

¿Cuál quieres que sea tu idea del éxito a partir de hoy?

Si a grandes rasgos tienes tu respuesta, ya podemos pasar al siguiente apartado, para que descubras la vocación que te conducirá a alcanzar tu éxito.

¿Cuál es tu vocación?

« ¿Por qué no todo el mundo trabaja en lo que le gusta? Durante siglos, las personas no han podido elegir su profesión, porque ésta venía ya marcada desde el nacimiento. Si uno no pertenecía a las clases más privilegiadas, el camino trazado era seguir el oficio paterno. Por eso, a lo largo de la historia, a casi *nadie se le ocurría plantearse qué tipo de actividad profesional le apasionaba. En la actualidad, todos tenemos la libertad para formularnos esa pregunta. Pero, por desgracia, son muchos los que no conocen la respuesta, sencillamente porque nadie les ha enseñado a obtenerla.* »

Este mensaje que nos transmite el libro de Arnie Warren *Los Tres Pasos. Un relato imprescindible para definir nuestra verdadera pasión laboral (Find Your Passion)*, es la base para que una persona se plantee cuál es su vocación en esta vida.

La vocación es aquello para lo que estamos hechos, teniendo en cuenta nuestro carácter y nuestras capacidades, lo que nos ilusiona y haríamos incluso si no ganáramos dinero por esa actividad. Es por ello que no tiene porqué ser lo que haga otro, ya que lo que le hace feliz a tu vecino, por ejemplo, no tiene que ser lo mismo que te llena a ti.

Encontrando nuestra vocación podremos dedicarnos a lo que nos gusta y para lo que servimos mejor, siempre y cuando encontremos una necesidad a cubrir en el mercado, si es que queremos vivir de ello. Esto nos lleva a afirmar que buscar nuestra vocación no implica olvidarnos ya para siempre de trabajar y ganar dinero. En absoluto, ya que todos necesitamos sobrevivir y pagar gastos en la sociedad en la que vivimos. De lo que se trata es de «emplearnos» en aquella actividad que mejor se nos da, en la que podemos servir mejor a la sociedad, porque daremos lo mejor de nosotros. Así que no tenemos que ser mendigos ni pasar a ser dependientes de otros, sino al contrario, pues ahora vamos a aportar a la sociedad algo que necesita y es lógico que ella nos gratifique por ello, para que podamos seguir haciéndolo y beneficiando a los demás.

La búsqueda de una vocación puede ser a veces más larga de lo que uno desearía. Cuando uno nunca se ha preocupado suficiente por encontrar sus deseos y sus pasiones, perdiendo de esta forma el contacto con su interior, es normal que le cueste conectar de nuevo con sus intereses y sueños. Desde hace tiempo busqué mi vocación, a lo que me quería dedicar, y durante un periodo largo de tiempo, o para mí se me hizo largo, me encontré desorientado y confuso. Con esto quiero apuntar que, en un proceso de crecimiento personal en el que uno quiere autodescubrirse y encontrar su vocación, inicialmente lo más habitual es que nos encontremos algo inseguros y desorientados por la incertidumbre de reconocer que no sabemos hacia dónde vamos exactamente. También nos sentiremos confusos porque nos estaremos cuestionando nuestro modo de vida y estaremos entre varias opciones, hasta decidir nuestra elección idónea, que por otro lado, tampoco tiene porqué ser definitiva ni inamovible.

Cuando no estamos acostumbrados a considerar nuestros deseos, se hace difícil de entrada encontrar nuestra pasión, nuestra vocación... lo que deseamos para nosotros realmente. Pero si no vivimos por nuestros deseos, ¿qué sentido tiene la vida? Recordemos la frase de George Bernard Shaw:

«Mientras tenemos un deseo, tenemos una razón de vivir. La satisfacción es la muerte».

Sin embargo, poco a poco podemos empezar a descubrir las cosas que nos interesan. Se trata de focalizar la atención hacia nuestro interior y hacernos preguntas acerca de cómo sería nuestro sueño y cómo lo podríamos alcanzar. Este camino lo podemos hacer acompañados de un Coach, que es la persona que facilita este proceso haciendo preguntas poderosas para que una persona pueda aclarar sus ideas, visualice su sueño y planifique la acción para alcanzarlo. El apoyo emocional y la guía profesional son de gran ayuda para lograr nuestro objetivo.

Como decía antes, descubrir lo que deseamos con pasión puede suponer periodos de confusión, «equivocarnos», y tener que redefinir nuestro sueño. De esta forma, poco a poco nos vamos acercando a donde realmente deseamos estar, aprendiendo del proceso, pero es necesario dar el paso y **pasar a la acción**, a pesar del miedo y la confusión iniciales.

Para encontrar mi vocación tuve que conocerme más a mí mismo para empezar. Una buena forma es leer mucho y descubrir lo que nos interesa y nos inspira. Ahora bien, la mejor forma es combinarlo buscando ayuda profesional, la de alguien que tenga la maestría para orientarnos y facilitar nuestro autoconocimiento. Necesitamos un *espejo* que nos aporte nuevas perspectivas, nos facilite detectar creencias limitantes que impiden nuestro crecimiento personal, aporte el feedback necesario para avanzar y desatascar nuestros bloqueos mentales, de forma que podamos explorar nuevos territorios saliendo de nuestra «zona de confort».

Es por ello que, en el proceso de encontrar nuestra vocación, necesitaremos perder el miedo a probar cosas nuevas y a poner en cuestión ciertas creencias o pensamientos que nos han acompañado hasta ese momento, pero que nos están impidiendo conectar con nuestra vocación. A continuación examinaremos las razones por las que es beneficioso apuntar más alto y vivir la vida que deseamos.

¿Por qué te conviene vivir la vida que deseas?

«Cuando volvamos los ojos sobre nuestras vidas, ¿cuántos de nosotros vamos a sentirnos contentos por lo que hemos sido?»

Richard Carlson

En una de las ediciones de la Revista *Talento-la revista de desarrollo* encontré el caso de Bronnie Ware, una enfermera australiana que ha dedicado varios años de su vida al cuidado de pacientes terminales, atendiéndoles durante sus últimas tres a doce semanas. Compartir esos momentos cruciales con tantas personas le ha permitido acumular algunos conocimientos y experiencias que ha compartido en su blog *Inspiration and Chai* y en su libro *The top five regrets of the Dying*. La enfermera les preguntaba a los pacientes terminales qué remordimientos tenían y qué les hubiera gustado hacer diferente, llegando a la conclusión de que se repetían las mismas respuestas, siendo las más frecuentes las siguientes:

1. *Me hubiera gustado haber tenido el valor de vivir la vida que yo quería, no la que otros esperaban de mí. (Es el remordimiento más frecuente de todos)*

2. *Me hubiera gustado no haber trabajado tanto. (Es más habitual en los hombres que en las mujeres)*

3. *Me hubiera gustado haber tenido el valor de expresar mis sentimientos.*

4. *Me hubiera gustado haber mantenido la relación con mis*

amigos. Cuando no se ha prestado el suficiente tiempo y dedicación a los amigos surgen remordimientos.

5. *Me hubiera gustado permitirme ser más feliz.*

Viendo estas respuestas podemos constatar claramente que muchas personas no viven su vida exactamente como desearían vivirla y pueden morir no del todo en paz, sino con remordimientos por lo que no se atrevieron a hacer.

Si no deseas que en tu lecho de muerte te asalten los remordimientos, tendrás que decidirte a crear la vida que quieres, aunque decepciones a algunos, o te suponga un esfuerzo realizar cambios en tu vida. Tanto vivir en paz como morir en paz consiste en hacer lo que uno debe hacer para construir la vida soñada.

Las creencias limitantes que tienes te pueden impedir realizarte, ser tú mismo y cumplir tus sueños. Por este motivo tienes que descubrir cuáles son esas creencias que no te dejan cambiar y tener la vida que quieres. Sin duda que obtendrás los mejores resultados con un buen Coach que te ayude a descubrir cuáles son tus creencias limitantes y cómo puedes cambiarlas por otras creencias más adecuadas para conseguir tus propósitos.

La escritora Fiona Harrold plantea una pregunta realmente interesante en su libro *Coaching en 10 minutos*:

«¿Por qué estamos más deprimidos y más insatisfechos ahora que hace cincuenta años?»

A priori podríamos suponer que hoy en día deberíamos ser más felices, ya que tenemos, por lo menos en los países desarrollados, más libertades, oportunidades y mayor bienestar material. Sin embargo, sabemos por diversos estudios realizados que la ansiedad y la depresión están aumentando y de momento no hay ninguna señal de que vaya a invertirse el proceso.

Fiona Harrold pone de relieve una encuesta realizada recientemente en toda Europa por la página web de carreras online *Monster.com* denominada *¿Cómo he llegado aquí?* y nos explica los resultados a continuación:

«Los resultados demuestran que menos de una cuarta parte de los europeos están felices con las carreras que eligieron, mientras que un 78 por 100 admite haberse dejado llevar hasta su actual posición. Solo el 22 por 100 de los que contestaron afirman estar trabajando en la carrera o profesión elegida, o en camino de hacerlo.»

Seguro que todos nos hemos encontrado con más de una persona que se ha dejado llevar por las circunstancias y perdió las riendas de su carrera en algún momento. Yo mismo me he sentido algo perdido, sin rumbo, antes de descubrir lo que quería. La magia no es dedicarme al Coaching, sino todo lo demás que está relacionado con el sentido de mi vida.

Actualmente se habla de la felicidad en el trabajo, de realizarnos en el trabajo, de dedicarnos a lo que nos gusta, de la infinita cantidad de opciones que tenemos..., y eso puede causar frustración debido a que:

✔ Uno no es feliz en su trabajo y se da cuenta.

✔ Está bien en su trabajo, pero solo es un medio de vida, no le hace sentirse realizado/a.

✔ Ante tantas oportunidades y opciones posibles, uno está desconcertado y no sabe qué es lo que quiere.

Fiona Harrold nos comenta que, según los sociólogos, hemos aumentado nuestras expectativas y hoy en día esperamos más de la vida, gracias irónicamente a la libertad de poder escoger entre muchas opciones y a las grandes oportunidades que existen.

¿Qué podemos hacer entonces? Propongamos dos opciones para hacerlo fácil:

1.   Acepto mi situación y mi trabajo tal como son, y me libero de la carga de tener que elegir entre tantas opciones y tener que cambiar mi rumbo profesional.

2.   Me propongo averiguar qué es lo que quiero y dónde quiero estar, para tomar una elección sobre mi futuro profesional y actuar consecuentemente.

En relación a esa decisión, se pueden encontrar 3 tipos de personas:

1.   Las que deciden ser felices tal como están, realizándose fuera del trabajo y, aunque supone un estancamiento en su desarrollo profesional, aprenden a vivir de esta manera.

2.   Las que no pueden o no quieren aceptar su situación y se lamentan por ello, pero no se atreven a dar los pasos para cambiar y rediseñar su vida, por lo que viven insatisfechas y con predisposición a la ansiedad y la depresión.

3.   Las que deciden tomar las riendas de su vida, hacer todo lo posible por conocerse más a sí mismas y averiguar qué es lo que quieren, para finalmente crear un plan de acción para conseguirlo.

De los tres tipos de personas, la menos numerosa en nuestra sociedad, *¿sabes cuál es?* Con mucha diferencia, la tercera. Hay pocas personas que tomen el protagonismo de su vida.

En lugar de preguntarte con qué tipo de persona te identificas o crees que eres tú, mi pregunta es: *¿Qué tipo de persona quieres ser tú de las tres?* Sin lugar a dudas, la respuesta a esta cuestión es lo que va a llevarte allí donde elijas estar.

Si tú eres una persona insatisfecha profesionalmente, que no vive la vida que le gustaría vivir, es muy posible que además vivas estresado/a frecuentemente. Quizá incluso no habías reparado a qué se debe realmente que estés así. Hasta es muy probable que tu situación la hayas considerado común, y no te hayas equivocado en eso, porque es muy corriente en las vidas de muchos. Sin embargo, no es algo deseable y tú te has propuesto vivir una vida superior y feliz. Es por esta razón que a continuación vamos a analizar las causas del estrés como consecuencia del trabajo.

<u>¿Por qué te encuentras estresado?</u>

«Lo que creemos que es la realidad no es más que una porción limitada o subjetiva de la misma: El Mapa no es el Territorio.»

Comenzamos con esta frase de Salvador A. Carrión (*Seducir y cautivar con PNL*) para evidenciar que una *porción* de lo que creemos que nos ocurre es solo una percepción de la realidad, por lo cual va bien sopesar qué parte de estrés es susceptible de ser manejada bajo nuestra voluntad.

Una vida bien vivida no es compatible con soportar grandes dosis de estrés continuamente. Al contrario, el estrés excesivo desgasta y acaba con la salud y la armonía Por lo tanto, si deseamos vivir una vida equilibrada, no toleremos demasiado estrés continuamente.

En el trabajo sufrimos demasiadas veces por vivir situaciones de urgencia o tensión. Hoy en día es habitual el ritmo acelerado de trabajo en las empresas, pero *¿es humano?* O dicho de otro modo, *¿qué persona es capaz de aguantar un estrés fuerte y constante sin repercusiones sobre su salud física y/o emocional?* Permíteme que te dé mi respuesta querido lector: NADIE. Toda situación estresante desencadena antes o después un efecto negativo sobre nuestra **salud**. ¡Cuántas personas sufren un fuerte catarro tras pasar por una situación tensa en el trabajo! He visto personas que incluso se hacen daño físicamente después de mantener una discusión. Incluso conozco casos de personas que en su lugar de trabajo son sometidas a tanta presión que acaban por sufrir una fuerte ansiedad y a veces también depresión. Incluso hay quien desarrolla problemas en forma de úlceras de estómago, ataques de corazón, etc. No se trata de casos aislados, sino que cada día es más frecuente.

Y, *¿qué podemos hacer ante esta realidad?* Lo primero es tomar conciencia de cómo nos encontramos en nuestro trabajo respondiéndonos a estas preguntas: *¿Acabamos la jornada cansados y sin ganas de hacer nada? ¿Tenemos miedo a la vuelta al trabajo después del fin de semana? ¿No sabemos nunca cómo comportarnos? ¿Hagamos lo que hagamos siempre les parece mal o insuficiente a nuestros jefes? ¿Me siento apoyado en mi* *trabajo?...*

Si nuestro diagnóstico es: No acabo de estar bien en el trabajo, entonces algo falla que hay que solucionar lo antes posible. Es posible que lleguemos a la conclusión que podemos provocar un cambio en nuestro trabajo para que todo funcione. Si así es, *¡pues adelante!* Es posible que funcione. Quizá el entorno puede mejorarse y uno sea capaz de liderar los cambios que hagan falta, conseguir un mejor ambiente laboral, una forma de trabajar más cómoda y eficiente, establecer unas directrices para facilitar las relaciones y el trabajo, etc.

Es fundamental no confundir situaciones inaceptables con pequeñas molestias que ocurren por la misma dinámica del trabajo. Cierto estrés de vez en cuando además puede ser beneficioso.

Cuando los mandos directivos son receptivos a las propuestas de mejora de los miembros de su equipo, se consigue cambiar lo que perjudica el rendimiento de los trabajadores y les provoca un malestar innecesario. En el mundo empresarial no nos encontramos a menudo con jefes que se preocupen verdaderamente por su equipo, sino que lo habitual es la orientación a los resultados. No es que sea malo buscar unos buenos resultados en la empresa, y es más, conviene tener ese objetivo para propiciar la continuidad y crecimiento de la empresa, pero lo que no es aceptable humanamente es convertir al trabajador en un mero instrumento sin voz, ya no digamos voto, sobre las cosas que le afectan en el desarrollo de su trabajo. Nadie como un responsable de su trabajo para reconocer qué se puede aplicar y qué no, qué sirve para mejorar las cosas y qué no, etc. Es también por este motivo que es muy beneficioso para la empresa tener en cuenta lo que tiene que decir el trabajador. Por supuesto, después serán los responsables de tomar la decisión final quienes acepten o no la propuesta.

Incluso en un estudio realizado por el psicólogo David McClelland, al que hace referencia Daniel Goleman en su Harvard Business Review *Leadership That Get Results*, se concluyó que los ejecutivos con falta de inteligencia emocional raramente obtenían resultados calificados como sobresalientes y las divisiones que dirigían mostraban un comportamiento por debajo de la media de casi un 20%.

Nada mejor que un líder que sepa escuchar a un colaborador para conocer sus necesidades y motivaciones y poder dirigirlo hacia la consecución de los objetivos de la empresa. Más de uno hemos escuchado de algún jefe (o varios) la frasecita *«Esto se hace así porque lo digo yo»*. Ciertamente no hay peor argumento que ese, que no es ni más ni menos que parte de la cultura del «Ordeno y Mando». Muchos recién licenciados o graduados superiores llegan a la empresa con ilusión de «comerse el mundo», y lo que sucede es que la realidad de la empresa acaba por «comérselos» a ellos. Y no por falta de voluntad y de ambición de muchos jóvenes, sino por un ambiente de trabajo desmotivador, y los responsables son los directivos y ejecutivos de estas empresas.

He aquí una nueva certeza: no siempre es el mejor trabajador el que es ascendido. Más de una vez es el trabajador que mejor sabe «hacer la pelota» al jefe el que es promovido. El trabajador inteligente y automotivado, enfocado en el trabajo, es muchas veces relegado a un segundo plano, para valorar al trabajador mediocre, pero altamente eficiente en alabar y engatusar al jefe. No se trata de un caso aislado, más por desgracia sucede demasiado a menudo y muchas personas me han contado anécdotas que sustentan que esto sucede frecuentemente.

No todas las empresas son iguales, y es por este motivo que nos conviene identificar en qué tipo de empresa nos encontramos o en qué tipo de empresa deseamos trabajar. En la obra *Las Claves del Talento* de Pablo Cardona, el autor nos explica:

«Muchas empresas sólo son capaces de producir subordinados, personas sin capacidad de iniciativa; otras, potencian profesionales agresivos, con iniciativa pero sin visión de equipo. La empresa moderna precisa la utilización total del capital humano, que incluye la iniciativa y la capacidad de trabajar en equipo. Hoy en día la clave para el éxito empresarial requiere contar con directivos que sepan cómo formar equipos y cómo liderarlos para aprovechar al máximo el talento de las personas que dirigen.»

Si eres una de esas personas con deseos de mejora personal, capaz de desarrollar su potencial y suficientemente inteligente como para conformarse con la mediocridad (y si estás aquí, leyendo este libro es que algo de ello tienes), seguramente serás un candidato perfecto para sufrir alguna frustración y decepción en algunas empresas.

No te desesperes si ese es tu caso en este momento, estamos aquí y ahora para encontrar soluciones y mejorar tu vida personal y profesional, y que en un momento dado puedas optar por un cambio de trabajo. No quiere decir que abandones tu trabajo actual si no te satisface, y si es que ya tienes uno, sino que te fijes el objetivo de encontrar uno más adecuado para ti en un plazo determinado. Por ello, vamos a estudiar a continuación qué tienen en cuenta las empresas para seleccionar un candidato.

¿Qué valoran las empresas en un candidato?

«Concíbase como un vendedor que comercializa sus destrezas para la resolución de problemas.»

Al fin y al cabo, lo que las empresas contratan es la resolución de un problema que tienen en ese momento, por lo que esta sugerencia de Robert S. Gardella en *Guía para conseguir su próximo empleo* cobra mucho sentido.

Estudiaremos en este apartado qué actitudes, habilidades y fortalezas consideran las empresas que buscan candidatos para cubrir un puesto de trabajo. Así, en este apartado lo que vamos a abordar es la búsqueda de trabajo por cuenta ajena. Ya sea porque ahora mismo estás desempleado o porque quieres cambiar de trabajo y aspiras a una mejora profesional, saber qué es lo que valoran las empresas a la hora de seleccionar un candidato es vital para tu éxito. Más aún cuando hay una gran competencia y uno necesita destacarse y demostrar que es el mejor candidato.

Vamos a ver varias conclusiones de diferentes fuentes:

✔ Según el artículo publicado en el diario *ABC* del 10/02/10 *Las empresas valoran la competencia social por encima de la instrumental* y se basa en el estudio «Competencias e inserción laboral: Un análisis de la empleabilidad de los recién licenciados en Ade y Economía», elaborado por el Observatorio Laboral de la Universitat Abat Oliba-CEU.

Además se hace una distinción entre los procesos de selección de las grandes y las pequeñas y medianas empresas:

«*En el caso de la gran compañía, prima el trabajo en equipo, mientras que las pequeñas y medianas empresas valoran más la responsabilidad. La coincidencia, en multinacionales y en pymes, se produce a la hora de la necesidad de que el aspirante tenga un perfil orientado al cliente y que tenga capacidad de comunicación y de aprendizaje.*»

✔ La revista *edirectivos* pone de relieve ya en su artículo del 17/12/08 *Lo que valoran las empresas en un candidato*, según un estudio de la empresa de selección *Michael Page*:

«*el criterio más importante a la hora de seleccionar un candidato sería la* capacidad de trabajar en equipo. *El 99 por ciento de directores de RRHH en España lo consideran el principal requisito para decidirse por un candidato. La capacidad de trabajar en equipo se demuestra no sólo en dinámicas de grupo sino también mostrando empatía, flexibilidad, empleabilidad o un buen nivel de interlocución durante la entrevista individual.*» Muy de cerca le sigue *la personalidad*, considerado fundamental para un 94% de las empresas (*«De ahí que los expertos aconsejen mostrarse positivo, agradable, sonriente y sobre todo proactivo»*).

Luego aparece la orientación al crecimiento profesional mediante el *liderazgo y la ambición*, valorados por un 86% y un 82%, respectivamente, de los directores de Recursos Humanos. Y una *sólida trayectoria profesional* es un factor primordial para los directores de Recursos Humanos, que consideran muy valiosa la experiencia y el currículum, en un 94 % y un 72% respectivamente.

✔ *Talent Tools* publica un artículo el 5/07/12 titulado *Las competencias que valoran las empresas en sus candidatos*, en el cual se señala que, en un mercado laboral que está cambiando, lo que los seleccionadores tienen en cuenta son las siguientes competencias: autoconfianza, creatividad, empatía, tolerancia a la frustración, flexibilidad e iniciativa.

✔ El Portal *Universia* propone en *Ser el candidato ideal* una serie de consejos para un candidato que desee conseguir un primer empleo con gran proyección:

«...conócete bien a ti mismo, desarrolla tus conocimientos y competencias, considera qué aspectos valoran las empresas, realiza prácticas en empresas, refuerza tu CV con actividades extra-académicas, estudia un máster, trabaja en el extranjero.»

Una vez chequeado cómo puedes orientar tu carrera profesional, llega el momento de *ponerse manos a la obra* y aplicarse en gestionar el cambio que conduzca a conseguir tus objetivos. Pasamos pues de la fase de transición, que han sido estos tres primeros capítulos, desde nuestro *antiguo yo* a nuestro *nuevo yo mejorado*, a una posterior fase centrada en la gestión del cambio y el entrenamiento, teniendo en cuenta lo más idóneo para que te mantengas orientado/a, aprendas a crear tu propia felicidad y tu propia prosperidad, sepas escoger entornos propicios y utilices las herramientas disponibles más efectivas para el desarrollo profesional.

Para finalizar, vamos con un cuento del autor Pedro Pablo Sacristán, de su web *cuentosparadormir.com*. Se trata de un cuento con una buena moraleja titulado *El cantante de ópera*:

«A la pequeña ciudad de Chiquitrán llegó un día en tren llevando una gran maleta un tipo curioso. Se llamaba Matito, y tenía una pinta totalmente corriente; lo que le hacía especial es que todo lo que hablaba, lo hacía cantando ópera. Daba igual que se tratara de responder a un

breve saludo como "buenos días"; él se aclaraba la voz y respondía:

- Bueeeeenos diiiiiiias tenga usteeeeeeed.

Y la verdad, a casi todo el mundo se le hacía bastante pesadito el tal Matito. Nadie era capaz de sacarle una palabra normal, y como tampoco se sabía muy bien cómo se ganaba la vida y vivía bastante humildemente, utilizando siempre su mismo traje viejos de segunda mano, a menudo le trataban con desprecio, burlándose de sus cantares, llamándole "don nadie", "pobretón" y "gandul".

Pasaron algunos años, hasta que un día llegó un rumor que se extendió como un reguero de pólvora por toda la ciudad: Matito había conseguido un papel en una ópera importantísima de la capital, y todo se llenó con carteles anunciando el evento. Nadie dejó de ver y escuchar la obra, que fue un gran éxito, y al terminar, para sorpresa de todos en su ciudad, cuando fue entrevistado por los periodistas, Matito respondió a sus preguntas muy cortésmente, con una clara y estupenda voz.

Desde aquel día, Matito dejó de cantar a todas horas, y ya sólo lo hacía durante sus actuaciones y giras por el mundo. Algunos suponían por qué había cambiado, pero otros muchos aún no tenían ni idea y seguían pensando que estaba algo loco. No lo hubieran hecho de haber visto que lo único que guardaba en su gran maleta era una piedra con un mensaje tallado a mano que decía: "Practica, hijo, practica cada segundo, que nunca se sabe cuándo tendrás tu oportunidad", y de haber sabido que pudo actuar en aquella ópera sólo porque el director le oyó mientras compraba un vulgar periódico.»

Un mensaje que apoya la constancia y el esfuerzo para alcanzar nuestras metas, al margen de lo que digan o piensen los que no comprenden.

4

Cómo gestionar el cambio

¿Cómo vas a dirigir la reinvención de tu vida?

«Si la felicidad dependiera de las metas, dependería del momento de la llegada. En cambio, si depende de encontrar el rumbo, lo único que importa es estar en camino y que ese camino sea el correcto.»

Jorge Bucay - *El camino de la felicidad*

La meta es el destino a donde te diriges. Puede que llegues algún día o puede que no. Dependerá claro de muchos factores, entre ellos, la misma meta. En cambio, el rumbo es el camino mismo en dirección a la meta. Si conoces el sentido, la dirección a seguir está clara. Como sabes a dónde vas, tu orientación te va guiando en la vida.

Si te concentras exclusivamente en la meta, nunca vas a saber si el camino por donde vas es el correcto hasta que tengas la meta a la vista. Esta inquietud seguramente no te dejará disfrutar del viaje y tenderás a preocuparte en exceso, porque tu concentración en el resultado inmediato no te deja ver bien el camino que estás recorriendo.

En el caso de enfocarte en el rumbo, cuando lo conoces

dejas de preocuparte si vas a llegar o no. Concentrado en el rumbo te abres a más posibilidades para avanzar hacia la meta que estando preocupado por alcanzar el resultado inmediato.

Entonces, *¿qué es más importante?* Cada uno tiene su papel y no se puede despreciar en absoluto. La meta es el destino deseado que nos motiva a avanzar, y el rumbo es el camino que da sentido a nuestro viaje vital.

La felicidad por la que abogamos es por esta felicidad a la que alude J. Bucay, la que experimentamos cuando viajamos y nos identificamos con el camino que hemos escogido. En caso contrario, solo podríamos ser felices en los pocos momentos en que llegáramos a la meta. Si toda tu felicidad va a depender solo de los resultados que obtengas, lo más probable es que vayas de frustración en frustración, ya que los resultados solo se obtienen en determinados momentos. La felicidad consiste para mí en el viaje, ¿y para ti?

Como dice también J. Bucay:

«El camino correcto es aquel que está alineado con el rumbo que señala la brújula. Cuando mi camino está orientado en coincidencia con el sentido que le doy a mi vida, estoy en el camino correcto».

Interesante reflexión para tomar nota. Por un lado tenemos que encontrar el sentido de nuestra vida, y por otro, una vez encontrado, tenemos que vigilar de ir por el camino coherente con él. De hecho, la infelicidad es consecuencia de no conocer el sentido de vida o de tener conciencia de él, pero andar por un camino que hemos escogido y no es congruente con ese sentido.

«*Pero atención. No existe un solo camino correcto, así como no hay un solo sendero que vaya hacia el norte (…) Todos los caminos son correctos si van en el rumbo.*»

Muy importante esta aclaración del autor de *El camino de la felicidad*, ya que si te das cuenta de que no hay un solo camino a seguir, si descubres que pueden haber varios y que todos pueden ser correctos, siempre y cuando cumplan con la premisa de que vayan en consonancia con el rumbo, entonces no tendrás ya la sensación de estar perdido.

El rumbo lo marcará el sentido que decidas darle a tu existencia contestando a la pregunta:

¿Para qué vivo?

Con el rumbo fijado y tu respuesta a la anterior cuestión existencial, podemos pasar ya a atender a cómo crear tu felicidad.

¿Cómo puedes crear tu felicidad?

«*La felicidad en esta vida consiste en tener algo que hacer, alguien a quien amar y algo que esperar.*»

Thomas Chalmers, teólogo y escritor

La felicidad, al contrario de lo que muchos piensan, no es algo que viene por sí sola, sino que requiere nuestra implicación.

La idea de este libro queda reforzada por el hallazgo de Sonja Lyubomirsky, que llama «la solución del cuarenta por ciento», muy bien explicada en la obra *Por qué necesitas un Coach*, de Juan Carlos Cubeiro, presidente de honor de

AECOP (Asociación Española de Coaching y Consultoría de Procesos):

«*La felicidad no es un golpe de buena suerte que debamos esperar (...) Para esta científica, más correcto que la búsqueda de la felicidad debería ser la creación o la construcción de la felicidad. A ella debemos aplicarnos (mejor con un Coach, evidentemente).*

Sonja Lyubomirsky ha logrado deconstruir qué determina la felicidad. En un 50%, es el llamado valor de referencia, que es genético. (...)Tal vez el mayor descubrimiento de Lyubomirsky sea que esas circunstancias externas a las que habitualmente le damos tanta importancia (la riqueza, la pareja, la salud, etc.) determinan el 10% de nuestra felicidad. Ni más ni menos. El 40% restante es voluntario. Nuestras actividades deliberadas.»

Por lo tanto, tú puedes crearte tu felicidad si te lo propones. Cuentas con ese 40% para disponer a tu voluntad (según Lyubomirsky) en beneficio de tu felicidad.

Ahora vamos a ver cómo puedes utilizar tu voluntad para crear tu felicidad. El autor de *Por qué necesitas un Coach*, Juan Carlos Cubeiro, menciona cómo puedes hacerlo:

1. *Expresar gratitud*

2. *Cultivar el optimismo*

3. *Evitar pensar demasiado y evitar la comparación social*

4. *Practicar la amabilidad*

5. *Cuidar las relaciones sociales*

6. *Desarrollar estrategias para afrontar la resiliencia*

7. *Aprender a perdonar*

8. *«Fluir» más*

9.   *Saborear las alegrías de la vida (estar abiertos a la belleza y a la excelencia)*

10. *Comprometerte con tus objetivos*

11. *Practicar la religión y la espiritualidad (aquí yo propongo un «o» en lugar de un «y»)*

12. *Ocuparte de tu cuerpo y de tu alma: meditar, actividad física, actuar como una persona feliz (sonreír, caminar erguido, elevarse)*

Como dijo Shakespeare: «*El destino reparte las cartas y somos nosotros quienes las jugamos*», por lo que todo lo que hagas por tu felicidad es «tomar cartas en el asunto» y jugar decididamente a «ganar». Lo importante es ganar, en el sentido de no únicamente jugar con deseos de conseguir lo que te apasiona, sino de que el juego te haga feliz. La acepción de «ganar» que utilizamos entonces aquí se refiere al disfrute, fluir y realizarse, que no está condicionada por un resultado esperado. *¿Por qué?* Porque sin despreciar ni mucho menos el logro de resultados, estos no dependen solo de ti, y por ello no sería bueno para ti que encadenases tu felicidad a algo que no está totalmente en tu poder.. En cambio, si decides jugar y pasarlo bien, aceptando el reto de vivir lo mejor posible, realmente ya has ganado tu felicidad.

Comprometerse con el reto de vivir una vida feliz también va a requerir, como trataremos a continuación, que aprendas a escoger las personas de tu entorno. Veamos por qué es primordial alejarse de los «vampiros energéticos» y qué tipo de personas son las apropiadas para tu bienestar, porque necesitarás rodearte de ellas.

¿Cómo vas a escoger a tus compañeros de viaje?

«Rodéate de gente que crea en ti, que ame tu luz y tu singularidad. Permítete solamente personas que te quieran, apoyen y acompañen en tu camino vital. Los enemigos y los envidiosos déjalos para otra vida, es decir, para nunca jamás. Debemos centrarnos en buscar espónsores positivos, compañeros de camino que nos alienten a conseguir nuestras metas y hacer realidad nuestros sueños.»

Rosetta Forner- *Pídeme la luna*

En este apartado vamos a analizar un aspecto de índole social que tiene trascendencia tanto a nivel personal como profesional, aunque como estamos haciendo a lo largo de estas páginas, lo enfocamos especialmente al mundo laboral.

Cada uno de nosotros es responsable de su destino pero no es menos verdad que es improbable tener éxito si estamos rodeados de las personas equivocadas. Y, *¿quiénes son las personas equivocadas?* Pues complicado de distinguir a veces en la práctica, pero muy sencillo en la teoría: son aquellas que solo están a nuestro lado por un interés muy concreto. Esas personas son «vampiros energéticos» que se alimentan de la energía de personas de buen corazón, generosas y con tendencia a dar a los demás. Esos «vampiros energéticos» también se caracterizan por su atractivo (no necesariamente físico) y persuasión. Cuidado con no tener alguno muy cerca que te esté imposibilitando crecer personalmente, te esté dificultando un ascenso en el trabajo, te desenergice para iniciar nuevos proyectos, o que propicie que estés envuelto en energía negativa. Es por todo ello que también son conocidos como «ladrones de sueños».

Estos «ladrones de sueños» pueden ser un gran obstáculo para vivir una vida feliz. Muchas veces, el primer paso que tenemos que dar es alejarnos de ellos antes de iniciar un proyecto o una nueva forma de vida. Cuando eliminamos la causa de nuestro malestar, entonces no hay razón ya para no poder vivir plenamente.

En la obra *Inteligencia Social* de Karl Albrecht, el autor señala la distinción de conductas que podemos encontrar en las personas de nuestro entorno:

- Comportamientos Tóxicos: son los que hacen que los demás se sientan infravalorados, inadecuados, intimidados, frustrados o culpables de nuestros actos.

- Comportamientos Nutritivos: son los que favorecen que los otros se sientan valorados, capaces, respetados, reconocidos y apreciados por nosotros.

«Karl Albrecht define la inteligencia social como la capacidad de llevarse bien con otros y ganarse su cooperación. Esta forma de inteligencia es una combinación de sensibilidad hacia las necesidades e intereses de otros –nuestro "radar social"–, una actitud de generosidad, consideración y habilidad para interaccionar con otras personas en cualquier ámbito. »

Sin embargo, esta habilidad social, tal y como la define el autor, puede ser útil solo para relacionarse con personas sanas, pero no da muy buenos resultados con los «vampiros energéticos». *¿Por qué?* Porque ellos tienen sus propias reglas e intereses, que no se basan en ayudar al prójimo, sino en *absorberlo*, aprovechar su generosidad, consideración y cooperación. Su labor se limita a absorber nuestra energía, y por muy bien que nos portemos con ellos, eso no cambiará. Cada nuevo gesto bondadoso y comprensivo con ellos será tomado como una oportunidad de «robarnos» más energía.

No te voy a decir que tengas miedo, para nada, pero sí permíteme una sugerencia: cuidado en el trabajo (pero no solo en el trabajo) con las personas envidiosas, las interesadas y las inseguras. Son los tres tipos de «personas tóxicas» que debes vigilar y evitar implicarte con ellas, si es que deseas ser feliz en tu trabajo y alejarte de problemas.

Por lo tanto, una vez detectado un «vampiro energético», mejor alejarnos lo máximo posible y evitar ser «desangrados». Reservemos nuestra energía y buena voluntad para las personas agradecidas, generosas y respetuosas, que se encuentren a nuestro alrededor. Lo mismo hay que decir respecto a las empresas: haz lo posible por alejarte cuanto antes de una *empresa tóxica*.

¿Y cómo distinguimos a esas personas amigas que más nos convienen? Cabe buscarlas en otro aspecto diferente al encanto superficial, la diversión y el mero placer, no porque estos sean malos en sí mismos, sino porque son insuficientes si no van acompañados de algo más profundo. Como dice Rosetta Forner en la citada obra:

«No importa la edad, ni la clase social, ni la procedencia, ni la nacionalidad, ni los estudios. Lo que de verdad cuenta a la hora de sentirnos atraídos por otro semejante y compenetrados con él es la escala de valores: porque ello nos indica proximidad de alma.»

Las personas que comparten nuestra escala de valores son capaces de entender porqué hacemos lo que hacemos y nuestros comportamientos. Nos conocen y nos aceptan tal y como somos. Rosetta Forner pone de relieve cómo diferenciar a las personas que nos convienen de las que no:

«Toda persona que no es capaz de entendernos nos malinterpreta, ningunea, proyecta sus carencias en nosotros, nos hace responsables de sus males, pretende atarnos corto con el hilo de la culpabilidad, nos critica o vilipendia...los de alma madura, esos no manipulan, solo respetan la luz que somos.»

Bien acompañados de las personas que *respetan la luz que somos*, podemos avanzar más deprisa y fácilmente hacia nuestra prosperidad. Las *personas tóxicas* nos encadenan y ponen trabas en el camino, mientras que las personas sanas nos dan la mano y ayudan a llegar a ser más prósperos y ricos. Precisamente, vamos a tratar seguidamente cómo cada uno puede crear su propia prosperidad.

¿Cómo vas a crear tu prosperidad?

«El mundo está lleno de abundancia y oportunidades, pero muchas personas llegan a la fuente de la vida con una cuchara en vez de una pala. Esperan poco y como resultado reciben poco.»

Ben Sweetland

Tu prosperidad va a depender de que sepas conjugar bien los siguientes factores:

- SOLUCIONAR PROBLEMAS/AYUDAR A GENTE: Necesitas tener un producto o servicio que solucione un problema o que sirva para ayudar a los demás.

- DEDICARSE A ALGO QUE TE APASIONE Y EN QUE SEAS BUENO: Si haces algo que te gusta, aunque le tengas que dedicar mucho esfuerzo, no te costará tanto el trabajo al encontrarle su compensación en satisfacción personal, por lo que serás más creativo y te implicarás más. El otro requisito es que se te debe dar bien eso a lo que te quieras dedicar, porque si no es así, solo podría tratarse de una afición y el mercado solo está dispuesto a pagar por lo realmente bueno.

- CONSTANCIA Y PACIENCIA: Ser perseverante y tener la paciencia suficiente para esperar a que se obtengan los resultados. Las recompensas al esfuerzo y trabajo no suelen ser inmediatas, pero si «se siembra bien», con el tiempo se acaban recogiendo los frutos.

- CREAR ENTORNOS PROPICIOS: Consigue contactos, personas que te ayuden de alguna manera en tu camino. Busca el apoyo de personas positivas, que creen en su abundancia y su éxito, que te inspiren a crecer. Las personas que comparten su amor, su ternura, su cortesía y su ilusión, a pesar de que también tengan sus miedos y dificultades en la vida, son las personas con las que más conviene relacionarse. Un entorno también puede considerarse el crearte una página web y participar en las redes sociales para estar en contacto con otras personas que puedan ayudarte a alcanzar tu objetivo.

- RECURSOS: Consigue los recursos necesarios, ya sean económicos, humanos, personas que colaboren contigo en el proyecto, o materiales (ordenador, sala, despacho, etc.)

- ACTUAR: Solo con buenas intenciones no se consigue alcanzar metas, por lo cual hay que actuar, probar cosas, y afrontar nuevos retos, asumiendo algunos riesgos.

- SUPERAR TUS MIEDOS: No significa que no tengas miedo, sino que no te detengas a pesar de él. En mi libro *Supera tus miedos y alcanza tus sueños*, comenté cómo hacerlo:

«Superar el miedo no significa ignorar los riesgos de nuestra decisión, sino tener el coraje de afrontar la nueva etapa como una oportunidad para una posible mejora.»

- AGRADECIMIENTO: Agradece todo lo que te ha llegado ya a tu vida. No importa que tan grandes o pequeñas sean esas cosas, la cuestión es que las reconozcas para atraer más de lo mismo. Si sientes sinceramente agradecimiento por recibirlas, lograrás estar en una mejor posición para pedir cosas más grandes y mejores. Estando en sintonía con lo bueno que llega a tu vida, vibrarás en positivo posibilitando que vengan más cosas deseadas.

Como apunta Anthony Robbins:

«Cuando sientes gratitud el miedo desaparece y la abundancia aparece».

Con el rumbo claro, tus mejores compañeros de viaje, y con el deseo y la confianza en crear tu felicidad y tu prosperidad, logras la fuerza para marchar hacia adelante. Llega el momento de que diseñes las estrategias que vas a seguir para reinventar tu vida.

¿Qué estrategias vas a seguir?

«¿Qué es lo que quieres lograr o evitar? Las respuestas a esta pregunta son los objetivos. ¿Cómo usted logrará los resultados deseados? A la respuesta a esto se le puede llamar estrategia.»

William E. Rothschild

Todos los pasos previos de autoconocimiento y superación de miedos, creencias limitantes y bloqueos mentales deben conducir finalmente al establecimiento de un plan de acción a seguir para alcanzar tu meta. Como de lo que se trata es de crear la vida que deseas vivir, necesitas actuar en un plano externo de cara a rediseñar tu nuevo modo de vida.

Lo que te apasiona conseguir necesita mucha dedicación y paciencia para llevarlo a término. No hay ningún misterio en la búsqueda de un sueño, lo cual no significa que sea fácil. La ilusión, paciencia y perseverancia son los ingredientes principales.

Seguir paso a paso esforzándote en lo que quieres es lo que día a día te acercará a tu meta. Lo cierto es que las pequeñas acciones marcarán la diferencia en tu vida, porque poco a poco estarás construyendo tu nueva forma de vida. El comienzo estará constituido por la búsqueda de información sobre lo que te interesa y la investigación de las maneras de formar parte de eso que deseas.

Cuando tengas claro por dónde empezar, tendrás que tomar las riendas de tu vida y moverte. Actuando en una dirección será ya el inicio que marcará tu salida hacia la consecución de tu sueño. Para ello deberás haber encontrado primero cómo desplazarte y qué rumbo seguir para llegar a tu meta.

Las etapas por las que pasarás en el momento en que decidas crear tu mejor vida profesional son:

1. Definir tu propósito

2. Marcar el objetivo u objetivos a conseguir

3. Evaluar qué acciones tomar, el esfuerzo que supone, el *precio* a pagar, riesgos…

4.   Establecer el plazo para conseguir lo que quieres

5.   Concretar por dónde vas a comenzar, y cuáles serán los siguientes pasos a seguir.

Las estrategias que plantea Bárbara Berckhan en *Haz Realidad tus Deseos de una vez por todas* van encaminadas a ayudarte a convertir tu sueño en realidad. Por este motivo, te las menciono a continuación:

-Mantente alerta y busca mensajes de las «estrellas»: Se trata de que estés atento para encontrar ideas y oportunidades que te puedan ser de utilidad para conseguir tu sueño.

-Curiosea sin que te dé vergüenza: Vas a tener que ir a la caza de toda la información necesaria que te pueda conducir a tu propósito.

-No te preocupes de lo que piensen de ti: Como no te olvides por un momento de lo que puedan pensar u opinar los demás, va a ser complicado que alcances lo que quieres. Así que despreocúpate de la gente y de cumplir sus expectativas.

-Permítete probar cosas: Al adentrarte en tierras desconocidas tendrás que tener coraje y probar cosas nuevas, experiencias que te pueden proporcionar justamente lo que te hace falta para triunfar en tu empeño de tener éxito.

Napoleon Hill nos habla, en su obra *Claves del Pensamiento Positivo*, de la frase que utilizó el exitoso Clement Stone para progresar desde su rol de vendedor de seguros y convertirse en multimillonario:

«El éxito es para quien lo trabaja. Donde nada puedas perder intentándolo, y sí mucho que ganar si lo consigues, inténtalo por todos los medios.»

Clement Stone utilizó una técnica que posteriormente descubrió que estaba basada en un principio psicológico de William James, profesor de Harvard:

«Las emociones, tales como el miedo, no siempre están sujetas a la razón, pero siempre e inmediatamente lo están a la acción. Cuando los pensamientos no pueden neutralizar una emoción determinada, la acción sí puede.»

Por lo tanto, hay que pasar a la acción a pesar del miedo, y de esta forma conseguimos superarlo y acercarnos a la consecución de nuestro objetivo. En mi obra *Supera tus miedos y alcanza tus sueños* expliqué con detalle este enfoque. Pero antes que nada es necesario definir nuestro objetivo profesional, y vamos a descubrir por qué.

¿Para qué sirve definir un objetivo profesional?

«No hay ningún viento favorable para el que no sabe a qué puerto se dirige.»

Arthur Schopenhauer dejó constancia así de que es imprescindible encontrar el rumbo que deseamos seguir en la vida. Aun cuando la competencia laboral no es demasiado alta, no tener un objetivo profesional claro puede ser «solo» una desventaja para tu carrera profesional a largo plazo. En el corto plazo puede llevarte a ser contratado por una empresa, aunque no tengas claro lo que quieres, ya que de momento ella requiere cubrir una necesidad y es posible que no tenga demasiados candidatos para elegir.

A largo plazo, esta decisión puede ser perjudicial tanto para la empresa como para el trabajador. Para la empresa, porque es probable que al no contratar al candidato apropiado para el puesto, tenga a un trabajador no cualificado, desmotivado y con ganas de cambiar de trabajo. El caso del trabajador no es mejor, ya que si de entrada hubiera tenido claro su **objetivo profesional**, no habría perdido el tiempo ni se encontraría en un puesto de trabajo en el cual no puede realizarse.

En la actualidad, la fuerte competencia del mercado laboral por el elevado desempleo y la escasa oferta de trabajo, plantean un escenario distinto, en el cual un candidato debe demostrar que es el mejor para el puesto, y así poder optar a conseguir el empleo. Una empresa que puede elegir entre muchos candidatos se puede permitir descartar candidatos válidos, pero que no tienen claro su objetivo profesional. De hecho, se sabe que un candidato con un objetivo profesional claro y definido reduce el tiempo para encontrar un empleo.

Así que es primordial que clarifiques y definas tu objetivo profesional antes de iniciar la búsqueda de un nuevo trabajo o proyecto profesional. Además, si te presentas a procesos de selección donde nunca destacas porque ese empleo no se adapta a tus **valores** y **talentos**, lo que haces es obstaculizar que encuentres una opción profesional en aquello para lo que sí vales.

Jim Rohn nos ofrece una más de sus enseñanzas a través de esta frase:

«Nos pagan por dar un verdadero valor al mercado».

Sin duda, la mejor forma de definir tu objetivo profesional es que consideres tus valores, deseos y talentos. El objetivo profesional que concretes debe configurarse entorno a esas cosas, teniendo en cuenta, eso sí, la realidad laboral de cada momento. Debes considerar que tu objetivo tiene que cumplir unos requisitos:

1. Ser relevante (tenga respuesta a ¿Para qué?)

2. Formulado en positivo (señalando lo que quieres y no lo que no quieres)

3. Medible, específico y concreto

4. Expresado en presente

5. Propio (ser enteramente tuyo y no de otros),

6. Ecológico (que no entre en conflicto con otros valores u objetivos)

7. Autónomo (que dependa de ti, de lo que tú puedes hacer, que sea algo que esté en tu control llevarlo a cabo)

8. Con fecha o plazo de ejecución definido

Como expresó Goethe:

«Cuando el hombre no se encuentra a sí mismo, no encuentra nada.»

Definir tu objetivo profesional es una tarea fundamental, que merece toda la atención para que te centres en lo que sabes hacer y te apasiona. Si consigues clarificar y especificar lo que quieres vas a poder:

✔ Tener la suficiente **autoconfianza** para luchar por ello y convencer a los demás de que lo mereces.

✔ Estar enfocado en tu objetivo aumenta la eficacia de la búsqueda de trabajo, porque vas directo a lo que quieres conseguir, sin despistes o confusiones que pueden alargar y complicar el camino por falta de orientación.

✔ Ir posicionándote en el mundo profesional, siendo cada vez más visible y creíble de cara a los demás.

✔ Si sabes lo que quieres, puedes tener éxito y conseguirlo porque podrás estar atento a las oportunidades que puedan surgir.

De esta forma, puedes evitar el error de muchos de lanzarse a la búsqueda de empleo sin haber planificado cómo hacerlo, cómo redactar el currículum apropiado según el objetivo profesional, cuáles son las fortalezas que te destacan de otros candidatos, etc.

Sin embargo, recuerda siempre esta cita de Jim Rohn:

«El mayor valor en la vida no es lo que obtienes. El mayor valor en la vida es en lo que te conviertes.»

Vamos a seguir ahora con el despliegue de los ingredientes necesarios para que tengas éxito con las estrategias que sigas.

¿Qué necesitas para tener éxito?

«Una de las causas más comunes del fracaso es el hábito de abandonar cuando uno se ve presa de una frustración temporal».

Napoleon Hill se refirió así al fracaso señalando que el motivo por el que muchos no alcanzan el éxito es debido a que abandonan cuando surge algún contratiempo.

La razón principal por la que algunas personas no llegan

a alcanzar sus sueños es porque no creen suficientemente en ellos mismos. Por este motivo tienen miedo a fracasar y no se atreven a luchar e intentarlo, ni a reinventarse, ni a vivir.

En el artículo de Expansión titulado *Guía para cambiar tu vida profesional*, del 10.05.13, el redactor jefe de dicho diario, Tino Fernández, nos señala unas declaraciones del experto en desarrollo profesional Ovidio Peñalver, socio director de *Isavia*:

«La barrera al cambio está dentro de nosotros, tanto o más que en el propio mercado. En realidad, todos hemos cambiado varias veces, aunque no nos hayamos dado cuenta."

Si tú quieres alcanzar tu sueño, vas a tener que perder el miedo al fracaso y mirar el futuro con más positividad. Mientras estés enfocado en el fracaso no vas a poder enfocarte en lo que tienes que hacer para tener éxito.

La clave es la perseverancia de las personas que creen en su sueño. Cualquier persona que se lo proponga puede conseguir sus objetivos, siempre y cuando sean objetivos realizables, medibles y dependan de uno y no de los demás.

Supongamos que tu caso es que quieres ser autónomo o crear una empresa. Evidentemente necesitarás clientes que compren tus productos o servicios, pero mejor si puedes no dependas de un único cliente. Empléate a fondo también en encontrar tu nicho de mercado para vender. Buscar a estas personas sí está en tus manos, y no en las de nadie más. Igualmente, lo que está en tu poder es definir qué necesidades vas a satisfacer a tu público objetivo. En función de que aciertes o no, conseguirás que el negocio vaya bien o mal. Además, todo lo que tiene que ver con la gestión del negocio, como la actividad del día a día, las estrategias de publicidad y la toma de decisiones, van a depender de ti (a menos que más adelante se delegue esta función, y aun así, el control del gestor o equipo gestor seguiría dependiendo de ti).

Cuando tu meta es conseguir un puesto de trabajo en una empresa, también necesitas tener coraje para no abandonar cada vez que no consigues ser seleccionado. El mercado de trabajo es muy competitivo, por lo que es preferible que no cuestiones tu valía. Además, no olvides recurrir a tu red de contactos para conseguir un empleo, considerando lo que afirma Robert S. Gardella, directivo de Harvard:

«Se estima que entre el 65 y el 70 por ciento de los puestos de trabajo surgen a través de una red de contactos.»

Por lo tanto, conviene que tengas al corriente a tu red de contactos de que estás disponible para un nuevo proyecto profesional. Hazlo con discreción si en este momento estás trabajando para otra empresa. Y no desesperes si esa oportunidad que tanto deseas tarda en llegar. Dedícate a trazar el camino y aprende de los fracasos, rectifica y busca otras maneras de hacer u otras opciones laborales.

Si el miedo te domina, evitarás el fracaso, pero te quedarás estancado. Y quedarse estancado se puede considerar también un fracaso, porque renuncias a una vida más acorde con tus deseos y pierdes la oportunidad de ser plenamente feliz. Por ello, mejor prueba a hacer cosas nuevas, a cambiar tus hábitos, y reprograma tus pensamientos con creencias más coherentes con tu forma de ser y con lo que quieres en la vida. Transfórmate y conseguirás vivir tu sueño.

Para concluir, quedémonos con los ingredientes

principales para el éxito: perseverancia, disciplina, compromiso con el proyecto, resiliencia, positivismo, autoconfianza, coraje, creatividad, iniciativa, liderazgo y deseos de superación personal.

En el siguiente apartado vamos a tratar cómo afrontar los obstáculos que probablemente aparecerán en el camino.

¿Cómo vas a superar los obstáculos que se te presenten?

«*Hay millones de personas que se creen "condenadas" a la pobreza y al fracaso, por culpa de alguna fuerza extraña que creen no poder controlar. Ellos son los creadores de su propio "infortunio", a causa de esta creencia negativa, que su subconsciente adopta y traduce en su equivalente físico.*»

Napoleon Hill señala, en esta frase de su genial obra *Piense y Hágase Rico*, que existen muchas personas que no se creen dueñas de sus vidas. La razón es que sencillamente se encuentran obstáculos por el camino y dudan.

Sin embargo, los obstáculos forman parte de la vida y no queda más remedio que aceptarlos. Tras un obstáculo también hay una oportunidad de aprendizaje, para que una próxima vez no te vuelva a ocurrir algo, hacer las cosas diferentes para obtener mejores resultados, etc.

Encontramos muchas personas que no creen en sí mismas lo suficiente. Cuando se les presenta un obstáculo, lo interpretan enseguida como una confirmación de que no pueden conseguir su objetivo. El fracaso de su primer plan es tomado como la prueba de que todo lo que emprendan les saldrá mal. Evitan así aprender de las experiencias, para preparar mejores planes, tener en cuenta ciertos factores, etc.

En mi caso, tuve un sueño que fue publicar mi primer libro *Supera tus miedos y alcanza tus sueños*. Lo publiqué pero no pude disfrutar inicialmente de ello, ni compartirlo con todo el mundo, debido a problemas editoriales. A pesar del obstáculo, no me di por vencido. En momentos puntuales me sentí algo frustrado y desanimado por los obstáculos a los que me enfrentaba, pero me resistí a dejarme llevar por el desánimo. No dudé en que deseaba seguir escribiendo y publicar esta obra, mi segundo libro. Cuando empecé esta obra tenía la esperanza de que mientras la escribía podría resolver el asunto editorial de la primera. Y así fue. Al fin y al cabo, como alude Jack Kornfield:

«La alabanza y la culpa, el ganar y el perder, el placer y el dolor vienen y se van como el viento. Para ser feliz, descansa como un gran árbol en medio de todo esto.»

Afrontando los obstáculos salimos fortalecidos, aunque cuando uno se encuentra frente a las dificultades, lo que realmente quiere es que desaparezcan. Los desafíos que se nos presentan en la vida pueden superarnos o podemos sacar nuestro potencial y superarlos nosotros a ellos. Una frase que me parece interesante es la de Helen Keller:

«No pienses en los fracasos de hoy, sino en el éxito que puede llegar mañana. Te has propuesto una tarea difícil, pero tendrás éxito si perseveras, y encontrarás dicha en la superación de obstáculos.»

En *Coaching en 10 minutos* Fiona Harrold nos alienta a no caer en la desesperanza ante los obstáculos o fracasos, ya que los que consiguen finalmente el éxito no lo hacen:

«La clave se halla en el análisis que realizan de los motivos de su fracaso. Llegan a la conclusión de que los obstáculos están causados por aspectos que se pueden rectificar. Si el problema se halla en ellos mismos, creen en la posibilidad de llevar a cabo una transformación personal para corregir su déficit, sea cual sea.»

La idea principal es que no debemos desfallecer en cuanto un plan fracase. Eso sucede a cada momento, pero muchas personas que han tenido éxito han experimentado también muchos fracasos. Si han conseguido triunfar es porque han seguido adelante gracias a su interés por alcanzar su meta, y ha sido a pesar de los obstáculos, no porque no los tuvieran.

Napoleon Hill cita en *Piense y Hágase Rico* dos ejemplos:

«James J. Hill se topó con fracasos temporales la primera vez que se propuso reunir el capital necesario para trazar un ferrocarril de Este a Oeste de Estados Unidos, pero él también convirtió el fracaso en victoria con la utilización de nuevos planes.

Henry Ford conoció el fracaso temporal, no solo al principio de su carrera en el mundo del automóvil, sino después de haber estado en lo más alto del éxito. Concibió otros planes, y siguió avanzando hacia la victoria económica.»

Así que, si un plan fracasa, hay que cambiarlo por otro, y seguir esta rutina hasta conseguir el objetivo. Como dice también Napoleon Hill en dicha obra: *«los que abandonan nunca ganan..., y un ganador nunca abandona.»*

Como estoy seguro de que mi amigo lector es un ganador o ganadora, porque ha llegado hasta aquí y no ha abandonado, recibe ahora unas nociones de cómo te puede ayudar el Coaching en la gran tarea de reinventar tu vida y conseguir tus objetivos.

5

CÓMO PUEDE AYUDARTE EL COACHING A REINVENTARTE

¿Qué beneficios tiene el Coaching?

«Tú ya eres esa persona brillante y radiante; de hecho, lo cierto es que yo no puedo hacer de ti algo o alguien que no seas ya. Pero, en cambio, sí que puedo sacar más de ti. Mi talento consiste en asegurarme de que valoras lo que ya eres y de que vivas una vida digna de tu persona.»

En el primer capítulo de *Coaching en 10 minutos*, titulado *La vida es preciosa*, la autora y Coach nos evoca con la frase anterior la esencia del Coaching.

El Coaching es una forma avanzada de comunicación para ayudar a que una persona genere un resultado deseado a través de la creación de conciencia, la producción de soluciones a los problemas y la estimulación a la acción.

El Coaching no enseña sino que facilita que una persona aprenda de sí misma, encuentre sus propias respuestas y desarrolle todo su potencial personal.

Una persona u organización contrata a un Coach para

hacer un cambio, alcanzar una meta, resolver un problema o beneficiarse de una oportunidad.

Podemos obtener lo que queremos de forma más sencilla, fácil y rápida con un Coach que nos apoya y ayuda a conseguir los mejores resultados. Y, ¿cómo lo hace? Veamos:

✔ Ayuda a una o varias personas a fijar mejores metas y alcanzar dichas metas.

✔ Pide al cliente que haga más de lo que hubiera hecho solo.

✔ Ayuda al cliente a ser más concreto para que los resultados sean más rápidos.

✔ Provee a la persona con herramientas, apoyo y estructura para conseguir más de la vida.

✔ Estimula su responsabilidad, la toma de las riendas de su vida y el compromiso con su objetivo.

Los beneficios que te aporta el Coaching se hacen visibles y tangibles de diversas formas:

1. Profundizas en tus situaciones personales.

2. Clarificas tus ideas y te conoces mejor.

3. Ganas confianza en ti mismo.

4. Mejoras tus relaciones.

5. Descubres talentos que tenías ocultos.

6. Obtienes tus propias respuestas.

7. Encuentras soluciones a tus problemas.

8. Comienzas una nueva vida profesional apasionante, mejoras en tu trabajo, etc.

9. Te liberas de creencias, cosas y lazos que te atan y te impiden progresar tanto en tu vida personal como profesional.

10. Te mantienes centrado en crear lo que deseas.

¿Cómo te ayuda el Coaching Personal?

«De todos los conocimientos posibles, el más sabio y útil es conocerse a sí mismo.»

William Shakespeare

El Coach Personal puede ayudarte a crear la vida que deseas vivir a través de los 4 puntos siguientes:

- ✔ **Mejorar tu Calidad de Vida**: Te conoces mejor y sabes lo que quieres, aumentas tu Autoestima, aprendes a comunicarte mejor y ser más asertivo, consigues conciliar mejor tu vida personal y profesional.

- ✔ **Conseguir un mejor desempeño en tu trabajo:** Tus relaciones profesionales mejoran, te sabes organizar, gestionas tu tiempo, controlas tu estrés, te sientes más motivado y capaz de liderar a otros.

- ✔ **Alcanzar una nueva meta profesional**: Consigues promocionarte en tu trabajo o te decides a ir en busca de un nuevo trabajo con más posibilidades de progreso profesional, para lo cual cuentas con la orientación y apoyo de tu Coach.

- ✔ **Llevar a cabo un nuevo proyecto profesional**: Reorientas tu carrera profesional, o decides montar tu empresa, encuentras una nueva pasión o vocación, etc.

Debido a que buscar trabajo se ha convertido en un reto difícil y complicado, determinado por los grandes cambios que se están produciendo en nuestra sociedad, no cabe duda que cualquier ayuda supone una ventaja competitiva. El Coaching te ayuda a tomar conciencia de tus habilidades, de lo que quieres conseguir, de qué te hace falta, si necesitas formarte o no en algo, qué posibilidades tienes, cómo crear una imagen profesional, cómo crear tu marca personal, etc.

No obstante, no cuentes con triunfar a la primera únicamente por clarificar el objetivo profesional. Luego viene una segunda fase en la cual tienes que crear tu propio camino para alcanzar lo que deseas. En palabras de Antonio Machado:

«Caminante no hay camino, se hace camino al andar.»

Hacerte tu camino es diseñar un plan de acción y actuar. Con tu Coach elaborarás el mejor plan posible y entonces actuarás con mayores probabilidades de logro. La responsabilidad no debe paralizarte por el miedo, ni las caídas debidas a errores o fracasos hacerte desistir de tu empeño por lograr tus sueños. Es más, creer en ellos y perseverar a pesar de lo que sale mal, es la clave del éxito, como nos señala Robert Kiyosaki:

«Los ganadores no tienen miedo de perder. Los perdedores sí. El fracaso forma parte del proceso de éxito. La gente que evita el fracaso también evita el éxito.»

Como todos tenemos que reinventarnos alguna vez o varias en el mundo en que vivimos, necesitaremos a alguien que lleve la conversación por buen camino, nos ayude a tomar conciencia, actúe como *espejo*, como acompañante para nuestras emociones, y apoyo para estimular nuestra motivación.

Parece que los resultados de varias investigaciones avalan la necesidad del Coaching para tener éxito en el logro de nuestros objetivos. En palabras de Juan Carlos Cubeiro, presidente de honor de la asociación española de coaches profesionales AECOP:

«Según distintas investigaciones, cuando una persona trata de mejorar por sí misma sin la ayuda de un profesional con quien dialogar, lo consigue en menos de un 10% de los casos (...) Cuando un individuo lo hace a través de un proceso de Coaching serio, riguroso, profesional, realizado por un experto, alcanza los objetivos que deseaba en más del 85% de los casos.»

¿Cómo facilita el Coaching el cambio?

«Lo que existe detrás nuestro y lo que existe delante, es algo insignificante, comparado con lo que existe dentro de nosotros.»

Excelente cita del filósofo Ralph Waldo Emerson, que nos apunta que cuando una persona decide hacer frente a los cambios, sin obsesionarse con el pasado ni con el futuro, puede entonces enfocarse en rediseñar su vida, porque dentro de sí tiene todo el potencial para hacerlo. El Coaching parte precisamente de esta premisa, es decir, de la base que una persona tiene potencial para superarse a sí misma y que con intención, compromiso, enfoque y persistencia, puede hacer realidad lo que se proponga.

Consideremos ahora el artículo *¿De verdad sabes cómo se consigue un empleo?* publicado en el diario Expansión el

24.06.13. La idea que nos transmite el artículo no es otra que las cosas están cambiando mucho en relación a la búsqueda de empleo y el mercado laboral, y que necesitamos actualizarnos y reinventarnos para adaptarnos a los cambios.

El Coaching es una disciplina que facilita el cambio y la transformación personal, porque te lleva a hacerte grandes preguntas que conciernen tus valores personales. Si esas preguntas son suficientemente poderosas, puedes encontrar las respuestas que tanto necesitas, y a partir de ahí, transformar tu vida.

También recomiendo este artículo en el que el autor insta a tener en cuenta que las nuevas tecnologías, la innovación, la proactividad, las redes sociales y nuestra red de contactos tienen un papel prioritario para encontrar un empleo o crear un trabajo, relanzando así nuestra carrera profesional.

Por supuesto, surgen y surgirán nuevos trabajos y nuevas formas de trabajar. Nadie sabe exactamente cómo va a evolucionar el panorama laboral y económico. Es por ello que cuando en una entrevista para el programa *Conciencia Planetaria*, me preguntaron por una recomendación para encontrar un trabajo, señalé *flexibilidad* y *adaptación*.

Por otra parte, creo firmemente que no podemos tratar a todo el mundo por igual, y no me gusta generalizar aconsejando unas carreras o unas profesiones concretas para todo el mundo. Pienso que es algo que es mejor abordar a nivel personal considerando el entorno del sujeto y su forma particular de ser. Particularmente me encanta esta filosofía del Coaching que considera a cada uno único y diferente, por lo que no hay una receta mágica para todos, sino que cada uno tiene que encontrar la suya dentro de sí mismo, siguiendo su corazón.

De hecho, John Whitmore, considerado cofundador del Coaching, valora la diferencia como eje central para el desarrollo de las personas. Su definición del Coaching va en esta línea precisamente:

« *(El Coaching) Consiste en ayudar a alguien a pensar por sí mismo, a encontrar sus respuestas, a descubrir dentro de sí su potencial, su camino al éxito... sea en los negocios, en las relaciones personales, en el arte, el deporte, el trabajo...».*

Es por este motivo que el papel del Coaching es tan importante: por medio de conversaciones profundas y preguntas poderosas, el Coachee (que es el cliente en un proceso de Coaching) descubre sus creencias, bloqueos, pasiones, sueños, etc. Una persona por sí sola es difícil que pueda valorarse justamente. La introspección sin orientación puede no ser suficientemente objetiva, y verse con ojos muy complacientes, pensando que no necesita cambiar nada, que siempre tiene la razón y que los demás se equivocan, que su opinión es siempre la correcta, etc.; o al contrario, verse con ojos excesivamente críticos, diciéndose que no vale y que no es bastante bueno, que no puede conseguir lo que quiere, que no tiene las capacidades o talentos, etc.

La objetividad en cómo uno se ve así mismo no puede ser más que una pequeña posibilidad cuando es consustancial a esa mirada una carga de subjetividad, afectando pues a la autovaloración. Es por ello que hace falta un Coach que nos devuelva el «*reflejo*» de cómo somos realmente. Además el Coach es nuestro canal para mejorar nuestra Autoestima y nuestra asertividad (con lo cual funcionan mejor nuestras relaciones personales y profesionales), aprender a comunicamos más eficazmente, y ganar la confianza que nos faltaba para perseguir nuestros sueños. Este punto es muy importante, ya que los procesos de Coaching van dirigidos al cambio y a la superación personal, y de ahí que se necesite reforzar la seguridad de las personas para que puedan creer en sus capacidades y apostar decididamente por perseguir sus metas. Así, en lugar de permanecer en el inmovilismo por causa de sus miedos, se permitirán probar cosas nuevas y cambiar.

En el siguiente apartado, vamos a analizar las competencias que el Coaching ayuda a desarrollar y que te pueden servir para alcanzar tus metas.

¿Sabes qué competencias se pueden desarrollar con el Coaching?

«El éxito es la suma de pequeños esfuerzos que se repiten día tras día.»

Robert Collier

Si has encontrado tu misión en la vida y quieres tener éxito, probablemente cuentes con unos recursos que desees ampliar o mejorar. Necesitarás ser más competente en el camino que estás empezando a recorrer, por lo cual será más que aconsejable que empieces a desarrollar una o varias competencias, según tus necesidades en cada momento.

A continuación, te presento una serie de competencias para que puedas escoger por donde empezar. Distinguiremos entre competencias personales y competencias sociales.

Competencias Personales

- **Inteligencia emocional**: habilidad para tomar conciencia de nuestras emociones (miedo, tristeza, alegría, enfado, etc.) y saber gestionarlas.

- **Autoconfianza y Autoestima**: competencia personal que se basa en creer en uno mismo, valorarse y aceptarse tal como es, con confianza en afrontar las vicisitudes de la vida.

- **Actitud positiva:** capacidad para afrontar los contratiempos y dificultades con optimismo, actuando consecuentemente.

- **Motivación**: capacidad para "moverse" hacia el logro de resultados, sacar energía para luchar por alcanzar las metas.

- **Iniciativa**: capacidad de tomar acción con rapidez para resolver problemas o conseguir el logro de un objetivo.

- **Organización y gestión del tiempo**: tomar conciencia de en qué invertimos nuestro tiempo para organizar nuestra agenda.

- **Gestión del estrés**: capacidad para afrontar el día a día con menor pesadumbre y ansiedad, recuperar la paz interior, conseguir calma y bienestar.

Competencias Sociales

- **Asertividad**: capacidad para defender nuestros derechos y expresar nuestras opiniones y necesidades, sin agresividad ni herir a los otros, pero tampoco dejando que nos pisoteen.

- **Comunicar eficazmente**: capacidad para hacer llegar un mensaje eficazmente, de forma compresible para cada receptor, e incluso atraerlo y persuadirlo con la oratoria.

- **Empatía**: capacidad para entender el punto de vista de los demás, ponerse en su lugar, sin por ello tener que compartir su forma de comportamiento, actitud, etc.

- **Gestión de conflictos**: habilidad para hacer frente a los conflictos en las relaciones interpersonales, ya sean profesionales o de carácter privado; en lugar de tratar de ocultar el conflicto, tomar las riendas para solventarlo adecuadamente y a tiempo.

- **Liderazgo**: habilidad para mover a otras personas, inspirarlas y que tomen una acción deseada.

- **Gestión de equipos**: capacidad para dirigir a los miembros de un equipo hacia la consecución de objetivos.

- **Coaching**: capacidad para entrenar a otras personas o equipos para que desarrollen su potencial y mejoren el uso de sus habilidades.

¿Conoces la utilidad de la orientación profesional?

«No se puede iniciar una travesía sin conocer el destino y sin contar con los mapas y la orientación para llegar a él por el mejor camino.»

Marina Müller

Mediante el Coaching de Carrera, un profesional te guía para encontrar una vocación o te orienta en el proceso de búsqueda de un empleo o trabajo.

En el caso de que desees realizarte en un empleo por

cuenta ajena, recuerda que tiene sus ventajas pero también sus desventajas, ya que es difícil sino imposible realizarse en un único empleo. Normalmente en un empleo uno se queda estancado y llega un momento en que deja prácticamente de aprender y enriquecerse. Lo más plausible podría ser realizarse a través de ir cambiando de empleo a lo largo de la vida. En ese caso, vas a necesitar afrontar diferentes y numerosos procesos de selección. Sin extendernos demasiado, te presento una serie de pautas y sugerencias:

- ✔ Elabora un Currículum en 1 o 2 páginas como máximo.

- ✔ Refleja en el Currículum que reúnes los requisitos del puesto.

- ✔ Estructura adecuadamente tu Currículum

- ✔ Destaca tus cualidades o competencias principales que estén relacionadas con el puesto.

- ✔ Utiliza con inteligencia la Carta de Presentación. Redactar una carta de presentación requiere tiempo y no tiene mucho sentido si la carta repite lo que ya aportas en el Currículum. Así que haz uso de ella si se te exige o si ves que puedes aportar algo nuevo. La Carta de Presentación sí es necesaria para una candidatura espontánea.

- ✔ Considera especialmente tus contactos personales y profesionales para encontrar un empleo.

- ✔ Utiliza las redes sociales, especialmente las más profesionales.

- ✔ Prepárate para la entrevista con un autoconocimiento

sobre tus experiencias laborales, tus fortalezas y debilidades, tus intereses en el trabajo, tus logros profesionales, la forma en que trabajas y consigues realizar tus tareas, etc.

✔ Ves a la entrevista vestido de la forma más apropiada para el puesto al que aspiras.

✔ Sé positivo en la entrevista.

✔ Sé amable y respetuoso con el entrevistador.

✔ Sé puntual, pero si hay algo que te lo impide, llama al entrevistador para avisar o posponer la entrevista.

✔ Interésate por la empresa buscando su página web por Internet, y preparar alguna pregunta sobre ella o sobre cómo puedes ayudar a conseguir los objetivos de la empresa a través de tu puesto.

✔ Sé natural, con tranquilidad y seguridad.

✔ Mira a los ojos al entrevistador, pero sin intimidar, sobre todo cuando él o ella hable y tú escuches.

✔ Responde de forma clara y concisa a lo que te pregunta, y no hables de otra cosa, ni te extiendas demasiado.

✔ Evita hablar mal de las empresas en las que has trabajado o aún trabajas, de tus jefes o ex-jefes, compañeros o ex-compañeros. No está bien visto por regla general.

✔ Quejarse demasiado de tu situación de desempleo o malestar en el trabajo actual puede restarte puntos.

✔ Mostrarse colaborador, flexible, comunicativo y

entusiasta por el trabajo te suma puntos.

✔ Responde a las preguntas personales siempre que sea posible, de forma muy escueta. Enfócate siempre en los temas laborales y no caigas en el error de explicar innecesariamente asuntos o problemas personales.

✔ Ten en cuenta que el éxito de la entrevista va a depender en gran parte de que hayas hecho previamente un buen trabajo interior que te haya servido para dirigir tu carrera y definir tu objetivo profesional. Esto ofrecerá credibilidad a tus respuestas y argumentaciones en la entrevista.

En el caso de que tu objetivo profesional vaya encaminado a trabajar por cuenta propia, necesitas mucho entrenamiento enfocado en los negocios y la emprendeduría. Un Coach ayuda a un emprendedor a establecer objetivos acordes con sus valores, definir la visión y la misión, superar temores y bloqueos, usar la inteligencia emocional para hacer frente a los problemas y obstáculos, adquirir más autoconfianza y automotivación, planificar mejor las tareas y su tiempo, etc.

Para concluir, quiero darte las gracias por tu confianza amigo/a lector/a y desearte que consigas reinventar tu vida para hacerla más a tu gusto y más ajustada a quien eres realmente, recobrando el protagonismo de tu vida que siempre te ha pertenecido pero que quizá no habías ejercido del todo. Para ello tienes que volver a creer en tus sueños.

¿Te atreves a soñar?

EPÍLOGO

« *Cada día, con cada elección, creamos una obra de arte única. Algo que solo uno puede hacer… La razón por la que naciste fue para dejar tu marca indeleble en el mundo. Esa es tu autenticidad… Respeta tus urgencias creativas… apuesta por la fe… descubrirás que tus elecciones son tan auténticas como lo eres tú. Es más, descubrirás que tu vida es todo lo que debe ser: un alegre soneto de acción de gracias.»*

Esta hermosa cita pertenece a la obra de Sarah Breathnach *El encanto de las cosas simples*, que aparece en el libro *Fish!* y que he encontrado muy apropiada para esta lectura. Ya que a lo largo de los capítulos de este libro hemos visto que todo depende al fin y al cabo de la actitud de uno mismo y de empoderarnos para crear la vida que deseamos vivir, creo que no te parecerá extraño que te diga que con cada elección vas creando tu vida.

Podemos comparar rediseñar tu vida como reformar tu casa. Hay reformas profundas, de toda la casa, de solo algunas partes… Crear la vida que deseas vivir puede suponer una pequeña reforma, una gran reforma general de tu vida, una reforma de alguna parcela de tu vida, como pueda ser la laboral, etc. Es por ello que para cada uno puede significar una cosa diferente, en función de sus necesidades y de en qué situación se encuentre.

Si te decides a reinventarte con un cambio de carrera profesional, cabe decir que tendrás que superar un obstáculo principal: el directivo que haga la selección está buscando en general alguien que pueda incorporarse con normalidad a las tareas propias del puesto prácticamente al ingresar en la empresa. Por lo tanto, tendrás que demostrar que tienes aptitudes y habilidades suficientemente brillantes que justifiquen que la apuesta por ti les saldrá rentable a medio plazo, teniendo en cuenta que tendrán que formarte y esperar un tiempo hasta que seas capaz de realizar tus funciones por ti solo/a.

Ahora bien, la paradoja como la denomina el autor de *Guía para Conseguir su Próximo Empleo*, Robert S. Garcella, desde la Dirección de Servicios de Carrera para los Ex-alumnos de la Harvard Business School, es que:

«…según las previsiones económicas, muchos trabajadores desarrollarán a lo largo de su vida varias carreras profesionales».

Aun siendo tu propósito algo menos complejo que un cambio de carrera profesional, tendrás que enfrentarte al reto que supone un cambio de trabajo y el proceso de búsqueda de empleo en algún momento de tu vida. Anteriormente era habitual trabajar para la misma empresa durante toda una vida, pero ya no es así.

En el prólogo de dicha obra de Robert S. Garcella, Pedro Nueno hace referencia a la tendencia cada vez más esperada de los cambios de trabajo para el desarrollo profesional:

«Hoy se acepta que una persona debe desarrollarse al máximo

nivel en su profesión y que no es esperable que un mismo empleador haga posible tal realización. Además, la variedad de entornos y experiencias aportan un enriquecimiento que hace a la persona más atractiva profesionalmente a medida que los incorpora.»

Para finalizar querido lector, quiero ofrecerte esta frase de la extraordinaria película *El Curioso Caso de Benjamin Button*:

«Si te sirve de algo, nunca es demasiado tarde o, en mi caso, demasiado pronto para ser quien quieres ser. No hay límite en el tiempo. Empieza cuando quieras. Puedes cambiar o no hacerlo. No hay normas al respecto. De todo podemos sacar una lectura positiva o negativa. Espero que tú saques la positiva. Espero que veas cosas que te sorprendan. Espero que sientas cosas que nunca hayas sentido. Espero que conozcas a personas con otro punto de vista. Espero que vivas una vida de la que te sientas orgullosa. Y si ves que no es así, espero que tengas la fortaleza para empezar de nuevo.»

Haz que las cosas sucedan

« La felicidad consiste en unir el principio con el fin.»

Pitágoras

BIBLIOGRAFÍA

Allan Percy, *El Coaching de Oscar Wilde*, Random House Mondadori Debolsillo, 2011.

Arnie Warren, *Los Tres Pasos*, Ediciones Urano, 2002.

Barbara Berckhan, *Haz Realidad tus Deseos de una vez por todas*, RBA, 2010.

Daniel Goleman, *Leadership That Get Results*, Harvard Business Review, 2000.

Eduardo Punset, *Por qué somos como somos*, Ediciones Santillana, 2010.

Fiona Harrold, *Coaching en 10 minutos*, Ediciones Obelisco, 2008.

Gordon Muller, *Superación Personal*, Edicomunicación, 1992.

Jorge Bucay, *Cuentos para pensar*, RBA, 2002.

Jorge Bucay, *El camino de la felicidad*, Random House Mondadori, 2004.

Juan Carlos Cubeiro, *Por qué necesitas un Coach*, Alienta Editorial (Grupo Planeta), 2011.

Karl Albrecht, *Inteligencia Social*, Editorial Zeta, 2007.

Louise L. Hay, *El Poder está dentro de ti*, Ediciones Urano, 1991.

Matthew Tree, *La puta feina*, Ara Llibres, 2008.

Napoleon Hill, *Piense y hágase rico*, Random House Mondadori, 1990.

Pablo Cardona, *Las Claves del Talento*, Empresa Activa, 2002.

Platón, *La República*, Editorial Alhambra, 1987.

Raimon Samsó, *Cita en la Cima*, Ediciones Obelisco, 2012.

Ramón Menal, *Tú puedes ser más feliz*, Edicomunicación, 2006.

Richard Carlson, *No te ahogues en un vaso de agua*, Random House Mondadori, 2007.

Robert S. Gardella, *Guía para conseguir su próximo empleo*, Ediciones Gestión 2000, 2001.

Robin S. Sharma, *El Monje que Vendió su Ferrari*, Random House Mondadori, 1998.

Robin S. Sharma, *Descubre tu Destino*, Random House Mondadori, 2005.

Rosetta Forner, *Déjate de Cuentos*, Editorial Planeta, 2010.

Rosetta Forner, *Pídeme la luna*, Editorial Planeta, 2010.

Salvador A. Carrión, *Seducir y cautivar con PNL*, Ediciones Obelisco, 2008.

Spencer Johnson, *¿Quién se ha llevado mi Queso?*, Empresa Activa, 2000.

Stephen C. Lundin, Harry Paul, John Christensen, *Fish!*, Ediciones Urano (Empresa Activa), 2001.

Susan Jeffers, *Aunque tenga miedo hágalo igual*, Swing, 2007.

DEDICATORIA

Muchos me han descubierto a través de mi primer libro *"Supera tus miedos y alcanza tus sueños"*, y agradezco a todos los que me han mostrado su apoyo tanto haciéndose con el libro como viniendo a verme a una o varias presentaciones de la obra. Muchas gracias a todos/as vosotros/as por estar ahí cuando más falta me ha hecho. No lo olvidaré.

Especialmente deseo dedicar este segundo libro a mi madre, por apostar absolutamente por mí como escritor, ayudándome en todo lo que estaba en su mano para la difusión, venta y presentaciones. Su dedicación haciendo suyo también el proyecto me ha impresionado muy favorablemente, superando con creces todas mis expectativas.

Y también se lo dedico muy cariñosamente a mi pareja, por apoyarme en mis proyectos y haber creído en mí y en ese primer libro tan firmemente. Y no solo eso, además me ha ayudado en muchos momentos clave, algunos positivos y agradables, y otros con dificultades y angustiosos. Su compañía me da ánimos adicionales cada día para seguir adelante.

SOBRE EL AUTOR

Manuel Mata Moreno es el autor de "*Supera tus miedos y alcanza tus sueños*" (Ed. Círculo Rojo), de temática de autoayuda y superación personal. Colabora como *redactor* en diferentes blogs de Desarrollo personal y Coaching. También es formador y ofrece conferencias, videoconferencias, cursos online, etc.

Manuel Mata reside actualmente en Barcelona y cuenta con una trayectoria profesional de 12 años contribuyendo a conseguir los objetivos de grandes empresas: Grupo Reale Seguros, Deloitte&Touche, Hewlett Packard, Sun Chemical e Ilpea España. Más recientemente es Director de TuCoach.eu y Consultor de Recursos Humanos en TalentoDirect.com, interaccionando con personas de diferentes países.

Manuel Mata es *Coach Certificado* por TISOC (The International School of Coaching) en Coaching Personal o Coaching de Vida. Es miembro de las asociaciones de coaches profesionales ICF y Coachville. Su formación la completa con el grado en Gestión Integral de Recursos Humanos por IFI, la Licenciatura en Administración y Dirección de Empresas por la Universidad Autónoma de Barcelona y el Máster MBA por la Escuela Europea de Negocios INESEM.

www.ingramcontent.com/pod-product-compliance
Lightning Source LLC
Chambersburg PA
CBHW030820180526
45163CB00003B/1362